CARNET-GUIDE

DU

GENDARME

PARIS ET LIMOGES

Henri CHARLES-LAVAUZELLE

Imprimeur-Éditeur Militaire

CARNET-GUIDE

DU

GENDARME

13e ÉDITION

REVUE, AUGMENTÉE ET MISE A JOUR

PARIS

Henri CHARLES-LAVAUZELLE

Éditeur militaire

11, Place Saint-André-des-Arts, 11

(Même maison à Limoges.)

PRÉFACE

Il importe que les gendarmes puissent agir, en toutes circonstances, avec un complet discernement, ne faire qu'un bon usage de leur autorité et ne rien ignorer de ce qu'ils doivent savoir pour accomplir leurs obligations professionnelles sans hésitation et avec assurance.

Les nouveaux admis éprouvent particulièrement des difficultés pour se mettre rapidement à hauteur de leurs devoirs et acquérir les connaissances essentielles à la constatation des délits et des contraventions. Les leçons qu'on leur donne à apprendre, les théories nombreuses qui leur sont faites amènent au début dans leur esprit une confusion qui s'augmente encore de l'embarras des recherches à faire dans des ouvrages multiples et quelquefois volumineux.

L'idée du *Carnet-Guide* a été de grouper dans un seul petit ouvrage et avec un classement commode et méthodique, tout ce que le gendarme doit apprendre pour s'instruire de ses droits et de ses devoirs, tout ce qu'il doit savoir pour opérer légalement et sûrement. Si la mémoire peut quelquefois faire défaut en cours de route et dans un cas imprévu ou embarrassant, le *Carnet-Guide*, facile à mettre en poche, y supplée aussitôt, car il embrasse tous les services et chacun d'eux fait l'objet d'un chapitre distinct.

Aussi, si le succès d'un ouvrage dépend de son utilité pratique, rien d'étonnant que celui-ci soit parvenu si rapidement à sa 13ᵉ édition.

AVANT-PROPOS

Tout militaire de la gendarmerie **qui s'écarte** dans son service de la ligne tracée par les règlements, ou qui néglige quelqu'une des formalités légales, se trouve passible de peines disciplinaires et même de poursuites.

L'étude des lois et règlements nécessite toujours un temps assez long et cependant aussitôt qu'un militaire nommé gendarme a prêté serment, il est appelé à exercer ses modestes, mais utiles et délicates fonctions.

Obligé d'avoir toujours sur lui un Carnet, on a pensé lui en donner un qui ne contienne pas seulement du papier blanc, mais encore un résumé bref de ses principaux devoirs et de ses droits.

Pour rendre les recherches plus faciles et plus rapides, on a groupé ensemble les différentes opérations que le gendarme peut être appelé à faire dans chacun des services ressortant de ses diverses obligations ; chaque genre de service forme donc un chapitre spécial.

Cela permet ainsi au gendarme, même tout

récemment admis dans l'arme et commandé pou:
un service quelconque, de ne jamais sortir de sa
caserne sans savoir ce qu'il va et doit faire. Il
peut encore consulter son Carnet au cours de ce
service, s'il se trouve indécis.

Le Carnet est non moins utile aux chefs de
brigade. Il leur sert de conseiller dans les cas
où la mémoire peut leur faire défaut.

Il permet encore d'initier successivement et
rapidement les jeunes gendarmes aux principales de leurs obligations, sans attendre qu'ils
aient pu apprendre en entier le décret du
1er mars 1854. Cela n'empêchera point néanmoins de leur faire réciter en même temps ceux
des plus importants articles de ce décret, que
tout gendarme doit savoir par cœur.

Pour la rédaction de ce Carnet, on s'est toujours appuyé sur un article de règlement, sur
un texte légal, et la citation en a toujours été
faite à la suite, afin de faciliter les recherches,
et en vue de la rédaction des procès-verbaux
devant suivre la constatation matérielle des
faits.

Quand la matière ne le comportait pas, on
s'est servi, à défaut d'autres, d'ouvrages spéciaux appuyés de l'autorité ministérielle.

Enfin, en l'absence de documents officiels on
a recueilli, pour les opérations les plus délicates de l'arme, les précieuses indications de l'ex-

périence de vieux et intelligents chefs de brigade, auxquels la pratique n'avait plus rien à
apprendre.

Ce carnet comble donc une lacune.

CLASSEMENT DES DIVERS SERVICES

Chapitres.   Pages.

    I. Service de ville...................... 14
   II. Service de tournées dans les commu-
       nes................................ 29
  III. Service dans les gares.............. 34
  IV. Service dans les opérations diverses
       de l'arme........................ 39
    V. Service de transfèrement des prison-
       niers............................. 55
  VI. Service de surveillance du roulage... 61
 VII. Service de surveillance de la pêche.. 68
VIII. Service de surveillance de la chasse. 74
  IX. Service de recrutement............. 79
   X. Service de mobilisation............. 110
  XI. Service prévôtal.................... 121
 XII. Destination à donner aux individus
       arrêtés........................... 139
XIII. Armement. — Tir.................. 142
XIV. Taxe militaire..................... 152

ABRÉVIATIONS.

.

D. G. Décret du 1er mars 1854.
C. P. Code pénal.
C. P. C. Code de procédure civile.
C. I. C. Code d'instruction criminelle.
C. J. M. Code de justice militaire.
C. F. Code forestier.
C. R. Code rural.

CARNET-GUIDE
DU GENDARME

—◆—

MÉTHODE

POUR LA RÉDACTION DES PROCÈS-VERBAUX

Il n'est pas rare de voir des gendarmes près de leur retraite qui sont encore embarrassés pour dresser leurs procès-verbaux ; cela provient uniquement de l'absence de la méthode, à laquelle la routine ne peut toujours suppléer. En suivant la marche que nous indiquons, on sera tout étonné des résultats surprenants obtenus en peu de temps ; car trois mois au plus suffisent au gendarme le plus neuf dans l'arme.

Les principes que nous posons sont les suivants : chaque fois qu'un gendarme se met en mouvement, c'est en vertu d'un article de loi, ou de son règlement ; en vertu d'une réquisition légale ou d'un ordre de ses chefs. Il faut donc que les articles soient cherchés par le gendarme et qu'il commence ses procès-verbaux en indiquant qu'il agit en vertu de tel article.

Une fois en mouvement d'une façon légale, chaque acte du gendarme, au cours de son opération, doit également s'appuyer d'un article de loi ou de règlement, et enfin il clôt son procès-verbal en indiquant le texte sur lequel il s'appuie, c'est-à-dire dans la plupart des cas en

citant les articles du Code qui, classant le fait
rapporté au nombre de ceux délictueux, met le
gendarme dans l'obligation d'en dresser procès-
verbal.

On comprend facilement que le gendarme
pour opérer ainsi est dans l'obligation con-
tinuelle de feuilleter les textes, qu'il arrive
forcément à les connaître et ensuite à les appliquer avec fermeté; il prend l'habitude d'agir
en s'inquiétant toujours de la légalité de ses
actes; que cette habitude le rend plus froid,
mais d'autant plus énergique au besoin, car au
lieu de la routine, bâton vermoulu et jamais
sûr, il marche appuyé sur la loi, appui indes-
tructible.

Quant aux chefs de l'arme, avec des subor-
donnés habitués à n'agir que la loi à la main,
leur quiétude est plus que doublée.

Nous recommanderons aux gendarmes de rapporter dans leurs procès-verbaux, le pour et le
contre avec impartialité et sans apprécier; de
faire usage de phrases courtes. Chaque fois
qu'ils en feront de longues, elles seront em-
brouillées.

Quand ils reçoivent des dénonciations, déclarations ou témoignages, d'avoir soin de faire
signer ceux qui les leur ont faits, de l'indiquer
sur leur procès-verbal ou la cause pour laquelle
ils s'y sont refusés. — Comme cela ils éviteront
les démentis et les autres incidents d'audience
toujours très fâcheux « nuisibles à leur consi-
dération. »

Enfin nous terminerons en engageant les chefs
de brigade disposés à améliorer et perfectionner
l'instruction de leur personnel, de répudier l'an-

cienne méthode employée pour le travail de la semaine et consistant à donner comme sujet de procès-verbal fictif, la contravention de roulage, le vol ou l'assassinat vulgaire que chacun copie sur les anciens cahiers et sans profit pour personne.

Le chef de brigade devra y substituer un véritable problème obligeant les gendarmes à chercher, à faire travailler leur cerveau et finalement les amenant au progrès.

Ainsi, au lieu de dire : « Vous ferez une contravention à la police du roulage », le chef de brigade devra l'écrire dans le sens suivant : » Vous allez porter une dépêche à tel endroit ; à environ tant de kilomètres vous rencontrez une voiture de telle condition ; il est six heures du soir, en hiver, il fait nuit, la lanterne n'est pas allumée. Vous faites arrêter le conducteur qui vous déclare n'avoir pu allumer, le vent l'en ayant empêché. Dites comment vous opérez et citez les articles en vertu desquels vous agissez. »

Afin de bien faire comprendre la méthode que nous préconisons, nous donnons le modèle ci-après de procès-verbal ; nous ferons remarquer que chacun des actes des gendarmes est, ainsi que nous le recommandons, appuyé d'un article.

MODÈLE DE PROCÈS-VERBAL

Cejourd'hui, etc.

Agissant en vertu de l'article 330 *du décret du 1er mars* 1854 et nous trouvant sur le chemin de grande communication nº... territoire de la commune de..... nous avons fait rencontre de trois individus qui, à notre aspect. cherchaient à cacher quelque chose dans un tas de sarments déposés dans le fossé dudit chemin. Supposant qu'il s'agissait d'un délit, nous les avons ramenés à l'endroit indiqué, et là nous avons reconnu qu'un engin de pêche, dit trouble, enveloppé dans une toile de sac, ainsi qu'une perche en bois destinée à s'emmancher dans l'engin avait dû servir à prendre du poisson, car cette trouble était encore toute mouillée; un des trois individus portait encore sur son épaule un sac contenant les poissons pris en délit.

Les ayant questionnés sur leur identité et sur la provenance de ces objets, il nous ont successivement fait les déclarations suivantes :

1º « Je me nomme X....., tous ces objets, trouble et sac, m'appartiennent, les poissons qui sont dans le sac nous les avons pêchés en commun dans la rivière de X....., je reconnais le délit. »

2º « Je me nomme C....., je reconnais avoir pêché avec le nommé X....., l'engin et le sac lui appartiennent, c'est moi qui portais les poissons. »

3º « Je me nomme C....., je n'ai pas pêché avec mon frère ni avec X....., je venais de me promener quand je les ai rencontrés, je reconnais avoir porté l'engin de pêche quand vous nous avez aperçus. »

Nous avons examiné les poissons et nous avons reconnu qu'il y avait des truites, des vairons, et des poissons blancs, le tout pesant environ deux kilogrammes; nous avons constaté que deux des truites n'atteignaient pas la dimension réglementaire de 14 centimètres de longueur.

En conséquence, nous avons déclaré aux susnommés que nous dresserions contre eux procès-verbal :

1° Pour pêche en temps prohibé (*article* 1er *du décret du* 1er *février* 1890 *sur la pêche*);

2° Pour pêche de poisson n'ayant pas la dimension réglementaire (*article* 8) :

3° Pour pêche avec un filet prohibé (*article* 13 *du décret du* 18 *mai* 1878). Nous leur avons en outre saisi le poisson pêché en délit en vertu de l'*article* 39 de la loi du 15 avril 1829 et l'avons remis contre reçu à M. le maire de..... conformément à l'*article* 42 afin qu'il reçoive la destination que de droit.

Et nous avons enfin saisi la trouble en vertu de l'*article* 39 pour la déposer au greffe du tribunal de 1re instance de..... en conformité de l'*article* 41 de la loi de 1829 susmentionnée ;

En foi de quoi, vu l'art 488, etc.

Fait et clos à ... les j..... etc.

Les gendarmes sont mis en mouvement en vertu de l'article 330 du décret, qui leur fait un devoir de la répression des délits de pêche. Chaque acte délictueux est bien défini. Après avoir déclaré le procès-verbal pour contravention aux articles 1er, 8 et 13, l'action de la saisie du poisson est indiquée légale par la mention de l'article 39, la remise du poisson au maire par celle de l'article 42, la saisie de l'engin prohibé par l'article 39 et le dépôt au greffe par l'article 41 de la loi de 1829. Enfin le procès-verbal est dressé en vertu de l'article 488 du décret du 1er mars 1854.

CHAPITRE Ier
Service de ville.

DEMANDE. Où les gendarmes doivent-ils, de préférence, se rendre et stationner ?

RÉPONSE. Dans les endroits fréquentés, aux abords des cafés, cabarets et autres lieux publics, et se porter avec rapidité partout où a lieu un rassemblement et où un désordre peut se produire.

D. Sur quoi doit particulièrement porter leur attention ?

R. Sur les faits ci-après, comme les plus fréquents et comme nécessaires à constater pour la sécurité publique.

Accidents aux personnes. — D. Que doit faire la gendarmerie quand elle en a connaissance ?

R. Elle en dresse procès-verbal. Souvent la victime doit être déclarée auteur et seule responsable de l'accident dû à son imprudence, à sa maladresse, à sa négligence ou à la non-observation d'un article de loi ou d'un arrêté local. Il est donc indispensable de bien indiquer la cause de l'accident et de préciser la part de responsabilité de chacun.

Animaux. — D. Est-il permis de blesser ou tuer volontairement des animaux ?

R. L'article 479 du Code pénal punit ceux qui, soit volontairement, soit même par *imprudence* ou *maladresse,* auront causé la mort d'animaux appartenant à autrui, ou les auront blessés.

D'autre part, sont punissables en vertu de la loi du 2 juillet 1850 tous ceux qui, *publiquement* et *abusivement,* exercent de mauvais traitements sur les animaux *domestiques.* (320. D. G.)

Auberges, cafés, cabarets. — D. Quand la gendarmerie a-t-elle le droit d'y pénétrer ?

R. Tant qu'ils restent ouverts au public. Mais si, l'heure de fermeture arrivée, entendant du bruit au dedans et voulant y pénétrer, elle trouve les portes closes, elle ne peut en exiger l'ouverture, si le chef d'établissement s'y oppose. Elle se borne alors à observer du dehors et à verbaliser ensuite, en rapportant ce qu'elle a pu voir et entendre, et en mentionnant le refus qui lui a été opposé. (Loi du 22 juillet 1791 et art. 129 de la loi du 28 germinal an VI.)

Consommateurs. — D. Doit-on verbaliser contre les consommateurs retardataires?

R. Seulement si l'arrêté préfectoral qui règle l'heure de la fermeture des lieux publics fait mention des consommateurs. L'insertion de leurs noms au procès-verbal fournit ainsi la preuve de l'infraction.

Evacuation des lieux publics. — D. La gendarmerie a-t-elle le droit de les faire évacuer par ceux qui s'y trouvent?

R. *Même* après l'heure de la fermeture elle ne le peut que si elle est *requise* à cet effet par le maire, l'adjoint ou le commissaire de police, lesquels alors doivent être *présents* à l'opération, comme au reste cela est indispensable *toutes les fois* qu'il s'agit de pénétrer dans le domicile d'un citoyen. (*Dictionnaire des connaissances générales utiles à la Gendarmerie.*) (1)

Tapage ou rixe à l'intérieur. — D. Mais cependant s'il y avait tapage ou rixe?

R. La sûreté publique se trouvant alors compromise, la gendarmerie a le devoir, tant que les

---

(1) H. Charles-Lavauzelle, 1 vol., in-8° de 800 pages, relié 6 francs.

lieux publics sont *ouverts*, d'y pénétrer pour y arrêter les tapageurs *inconnus* ou *récalcitrants*. S'ils sont fermés, elle prévient l'autorité locale, et c'est à elle d'aviser. *(Dict. des conn. génér. utiles à la Gendarmerie.)*

Délai de tolérance avant de constater le défaut de fermeture. — D. Les gendarmes de service doivent-ils dresser procès-verbal pour contravention à l'arrêté de fermeture, aussitôt frappé le dernier coup de l'heure?

R. C'est un *droit;* mais comme il s'ensuit généralement alors des contestations devant les tribunaux, il est, d'ordinaire, préférable de n'user de ce droit qu'avec modération, et de laisser le temps moral nécessaire pour évacuer, en ne se présentant qu'à l'expiration du quart d'heure dit de grâce.

Auberges et hôtelleries. — D. Quel registre doit-il s'y trouver?

R. Un registre destiné à l'inscription des voyageurs. Les gendarmes doivent *fréquemment* s'assurer qu'il est tenu à jour ; faute de quoi, verbaliser conformément aux art. 290 D. G. et 475 C. P.

Fanal obligatoire. — D. N'y a-t-il pas parfois une prescription obligatoire pour ces sortes d'établissements?

R. Oui, lorsqu'il existe un arrêté municipal. S'il se trouve sur l'un des côtés de la voie publique des voitures en station dont les chevaux sont remisés à l'intérieur, il doit y avoir un fanal allumé au-dessus de la porte principale (471. C. P.), et si lesdites voitures ne sont pas éclairées, on doit encore verbaliser contre l'*auber-*

giste ou *l'hôtelier*, parce que ces voitures constituent un danger dans l'obscurité. (Cass. 19 août 1847.)

Chants. — D. Quels sont ceux à réprimer?

R. De jour, ceux qui sont injurieux ou obscènes; de nuit, tous sans exception, parce qu'ils troublent le repos des habitants.

Alors même qu'ils partent de maisons particulières ou de lieux publics, verbaliser est un devoir, si ces chants troublent les voisins pendant le temps de nuit, ou si des paroles injurieuses ou obscènes sont entendues distinctement du dehors. (479. C. P.)

Légalement, le temps de nuit s'étend du coucher au lever du soleil; mais dans la pratique il y a lieu habituellement, pour les chants et tapages nocturnes, de tenir compte, dans une *certaine limite*, des habitudes locales, c'est-à-dire de l'heure à laquelle la pluralité des habitants commencent à prendre leur repos.

Cris séditieux. — D. Qu'entend-on par cris ou chants séditieux?

R. La loi du 29 juillet 1881 (art. 24, § 2) ne définit pas leur nature, mais il faut, pour qu'il y ait délit, qu'ils soient proférés dans les lieux ou réunions publiques. Exemple : crier dans les rues « A bas la République! Vive l'Empereur! » sont des cris séditieux. Dresser procès-verbal avec le plus grand soin et n'omettre aucun détail inutile; toutefois il n'y a lieu à arrestation que si le prévenu n'a pas un domicile certain en France.

Chevaux et voitures. — D. Quelle est la surveillance à exercer par la gendarmerie?

R. Empêcher que les chevaux et voitures attelés ne parcourent *au grand trop* ou *au galop* les endroits habités, particulièrement au tournant des rues, ce qui compromet la sécurité des personnes (475 C. P.).

Chiens. — D. Quels sont les devoirs de la gendarmerie à cet égard?

R. Ayant pour premier devoir de réprimer tout ce qui est de nature à compromettre la sécurité des personnes (1er. D. C.), la gendarmerie doit verbaliser contre ceux qui excitent les chiens après les passants ou qui ne les retiennent pas lorsqu'ils les poursuivent. Lors même que les chiens se contentent d'aboyer après les personnes sans les mordre, cela suffit pour qu'il y ait divagation et par suite devoir de verbaliser. (475, C. P.)

Escroqueries. — D. Quelle est la différence à établir entre le vol et l'escroquerie?

R. Le voleur prend sans demander; l'escroc se fait donner en trompant.

D. La gendarmerie a-t-elle le droit d'arrêter les escrocs?

R. Elle ne peut que verbaliser en vertu de l'art. 405. C. P.; à moins toutefois que le coupable étant sans domicile, ou en vagabondage, il soit possible de lui appliquer l'art. 333 du décret du 1er mars.

Consommateur. — D. Mais s'il s'agissait d'un consommateur s'étant fait donner à boire ou à manger dans un établissement public, alors qu'il se savait dans l'impossibilité de pouvoir solder sa dépense?

R. La loi du 26 juillet 1873 en ayant fait un vol prévu et puni par l'art. 401 C. P., il y a lieu d'arrêter celui qui s'en est rendu passible.

Étrangers. — D. Le séjour des étrangers en France n'est-il soumis à aucune formalité?

R. 1° Aux termes du décret du 2 octobre 1888, l'étranger qui vient résider en France doit faire, à la mairie de la commune où il se propose de fixer sa résidence, une déclaration indiquant son origine, son état civil, sa profession et sa situation de famille. Les infractions à ces dispositions sont punies des peines portées à l'art. 471 § 15 du Code pénal.

2° Aux termes de la loi du 8 août 1893, l'étranger non admis à domicile, arrivant dans une commune pour y exercer une profession, un commerce ou une industrie devra faire à la mairie une déclaration de résidence dans les 8 jours de son arrivée. S'il change de commune, il fera viser son certificat d'immatriculation dans les deux jours de son arrivée.

L'étranger qui n'a pas fait la déclaration prescrite ou qui aura fait une fausse déclaration, sera puni de peines correctionnelles, mais sans qu'il y ait lieu à arrestation préventive, excepté en cas d'infraction à un arrêté d'expulsion.

Celui qui emploiera un étranger non immatriculé sera passible de peines de simple police.

Explosifs. — D. Que doit faire la gendarmerie lorsqu'elle rencontre sur la voie publique un individu porteur, sans autorisation et sans motifs légitimes, d'engins explosifs ou de substances destinées à entrer dans leur fabrication?

R. Aux termes de la loi du 18 décembre 1893, tout détenteur, sans motif légitime, d'explosifs ou de substances entrant dans leur composition est punissable de peines correctionnelles.

Il doit donc être arrêté et les engins saisis.

Faits contraires aux mœurs. — D. Définissez-les en les énumérant?

R. 1° L'outrage public à la pudeur est constitutif du fait de montrer publiquement ses parties sexuelles ou de se livrer publiquement encore à l'acte de la génération. La gendarmerie doit verbaliser en vertu de l'art. 330. C. P.

2° L'attentat aux mœurs prévu par l'art. 334 C, P., est applicable à ceux qui excitent ou favorisent la débauche de mineurs de l'un ou l'autre sexe.

3° L'attentat à la pudeur est un crime puni par l'art. 331. C. P. Il est constitutif du fait de s'être livré à des attouchements sur les parties sexuelles d'enfants de moins de treize ans de l'un ou l'autre sexe.

L'art. 332. C. P. s'applique au même fait tenté ou consommé avec violence, mais sur des personnes plus âgées.

Feux de cheminées. — D. Quand la gendarmerie en est informée, que doit-elle faire?

R. Verbaliser dans tous les cas. (471. C. P.)

Incendies. — D. Quelle doit être la conduite des gendarmes?

R. S'informer tout d'abord des personnes pouvant se trouver en danger, afin de leur porter secours. S'il y a des animaux dans ce cas, les faire sortir des écuries ou étables en leur couvrant les yeux avec des couvertures ou d'autres étoffes épaisses, afin de leur dérober la lueur des flammes. Placer sur les chevaux une selle, un collier ou un harnais, aux bœufs un joug est quelquefois un bon moyen pour les déterminer à quitter le bâtiment en feu. Empêcher les courants d'air qui activent les flammes. (278. D. G.)

Cheminées. — Dans les feux de cheminées, débuter par faire tomber la suie embrasée à l'aide d'un balai; l'éteindre avec *un peu* d'eau. Fermer hermétiquement l'ouverture du foyer au moyen d'un drap ou d'une couverture préalablement mouillée et maintenue par le haut, sur la tablette, avec les mains et par le bas avec les pieds. Une autre personne, saisissant à poignée le drap par son centre, le tire avec force vers elle, pour déplacer la colonne d'air et provoquer la chute de la suie embrasée dans un seau ou baquet d'eau que l'on a eu le soin de placer tout d'abord dans l'âtre. (*Manuel des Sapeurs-Pompiers.*

Fuite de gaz. — Si l'incendie est alimenté par une fuite de gaz. ou si l'on redoutait une explosion, fermer le robinet d'arrivée et aplatir le tuyau en avant. Si cela ne suffisait pas pour boucher une fuite, employer du mastic, de la terre et des chiffons.

Feu dans les caves. — Fermer les portes et boucher les soupiraux, à l'exception de l'ouverture par laquelle l'eau doit être jetée, en évitant de la lancer sur les voûtes, de crainte de les faire éclater.

Essences enflammées. — Sur les essences en-

flammées, les esprits, le pétrole, on ne doit
jeter de l'eau qu'après avoir couvert ces matières
de fumiers, de fourrages, de terres ou de sables,
le tout fortement mouillé avant d'être employé.

Si ces liquides enflammés s'écoulaient au
dehors, en régler la direction au moyen de rigo-
les ou petits talus en terre et se garder de les
envoyer dans un cours d'eau.

Mesures d'ordre. — Eloigner les curieux. Former les chaînes en plaçant les travailleurs à *un
mètre* l'un de l'autre. Empêcher qu'on jette par
les fenêtres les meubles ou objets pouvant se
briser dans leur chute ou blesser les personnes.
(279. D. G. et 479. C. P.)

Faire déposer les objets sauvés à l'endroit
désigné par l'intéressé, en les donnant en garde
à quelqu'un de sûr. (279. D. G.)

Verbaliser contre ceux qui refusent de se
mettre à la chaîne, l'abandonnent ou bien
jettent le trouble par leurs faits, gestes ou paroles. (278. D. G)

S'informer de l'endroit précis où le feu s'est
déclaré et s'il provient de négligence, imprudence ou *malveillance*. Dans ce dernier cas,
s'assurer de la personne sur laquelle planent les
soupçons (281. D. G)

Ne quitter la place que quand *tout* danger a
disparu (282. D. G.)

Refus de secours. — D. Requise au nom de la
loi, une personne peut-elle le refuser ?

R. En cas d'incendie, d'accident, de tumulte,
etc., c'est un droit et un devoir de réclamer
secours et celui qui le refuse tombe sous l'application de l'art. 475. C. P.

Les gendarmes ne doivent donc pas hésiter

à le réclamer, surtout de ceux qui chercheraient à entraver leur action. C'est même quelquefois un bon moyen de sortir d'embarras que de requérir, au nom de la loi, un meneur ou un opposant d'aider à conduire ou maintenir un perturbateur en état d'arrestation. Dans tous les cas, on assure la punition du récalcitrant, qui se place alors sous le coup de l'art. 475. C. P., la paix publique étant compromise. (V. *le Dictionnaire des connaissances utiles à la gendarmerie : Réquisition, Refus.*)

Immondices. — D. Est-on répréhensible en en jetant *imprudemment* sur les personnes?

R. *Volontairement* ou *imprudemment*, cela constitue une contravention prévue par l'art. 471. C. P.

Injures. — D. Que doit faire un gendarme quand il entend un individu insulter *sans provocation* une personne quelconque?

R. Dresser procès-verbal contre l'insulteur en vertu de l'art. 471. C. P. en ayant soin de *rapporter* les injures proférées.

Si les injures ont été réciproques, il y a alors tapage injurieux, fait prévu par l'art. 480. C. P. que l'on doit alors invoquer.

De nuit, il n'est pas nécessaire de *rapporter les injures,* pour avoir le droit de verbaliser, il suffit que la dispute ait produit tapage. (479. C. P.)

Ivrognes. — D. Quelle est la ligne de conduite à tenir à leur égard?

R. Les conduire au violon municipal et les

y déposer, après les avoir *fouillés*, s'ils sont un objet de scandale par leur tenue, gestes ou propos. (Art. 11 de la loi du 23 janvier 1873.)

Dans le cas contraire, on peut se borner *à leur faire regagner leur domicile*, mais en verbalisant néanmoins.

Débitants. — D. Doit-on rechercher ceux ayant donné à boire à des gens déjà ivres?

R. Oui, et verbaliser, s'il y a présomption suffisante. (Art. 4 de la loi du 23 janvier 1873, tendant à réprimer l'ivresse.)

Il y a encore lieu de verbaliser contre les débitants ayant négligé d'*afficher* dans leur salle principale le *texte de ladite loi*. (Art. 12.)

Jets de pierres. — D. Que constitue l'action de jeter des pierres, des corps durs?

R. En jeter ainsi que des immondices contre les personnes et même contre les maisons, clôtures ou dans les jardins, constitue des contraventions prévues par l'art. 479. C. P.

Blessures. — S'il en était résulté des blessures contre les personnes, l'art. 330. C. P. est applicable; s'il s'agit d'animaux ou de dégâts causés aux propriétés, c'est l'art. 479. C. P.

Jeux de hasard et loteries. — D. Quand la gendarmerie doit-elle intervenir?

R. Lorsque ce sont des étrangers qui les tiennent et les font tirer dans les rues, cafés, auberges, sur les chemins et places publiques, et non des habitants de la localité qui en font un simple amusement, *peu onéreux* pour les joueurs. (475. C. P.)

Les tables et enjeux doivent être saisis et leurs propriétaires conduits chez le maire (332. D. G.) pour constatation d'identité; mais la saisie et le procès-verbal qui en fait mention ne doivent pas moins avoir lieu, *quand même* le maire aurait donné *l'autorisation*. (Cass. 5 septembre et 15 novembre 1839.)

Malfaiteurs. — D. Qu'entend-on par association de malfaiteurs ?

R. C'est une réunion d'individus organisés en bandes pour attaquer les personnes et les propriétés. La loi du 18 décembre 1893, qui a modifié les art. 265 à 268 du code pénal et qui a eu surtout pour but de faire obstacle aux attentats anarchistes, punit les affiliés de toute association formée, quelle que soit sa durée ou le nombre de ses membres, et même tous ceux qui ont participé à une entente établie dans le but de préparer ou de commettre des crimes contre les personnes ou les propriétés.

Ainsi pour qu'il y ait lieu désormais à poursuites, il n'est pas nécessaire qu'il existe des bandes organisées correspondant entre elles, obéissant à des chefs reconnus. Le législateur a adopté à dessein un texte très large pouvant embrasser toutes les hypothèses de complot contre la sécurité des personnes ou des propriétés, sans qu'il y ait eu même commencement d'exécution.

L'affilié qui révèle aux autorités l'entente existant entre lui et ses complices est exempt de toute peine.

Le fait de favoriser sciemment les membres d'une association de malfaiteurs, de leur fournir en connaissance de cause instruments, moyens de correspondance, logement ou lieu de réunion constitue un crime spécial puni de réclusion. (1267. C. P. nouveau.)

La preuve de l'entente préalable, celle du but poursuivi étant particulièrement délicate, les gendarmes, le plus généralement, devront se borner à avertir leurs chefs et le parquet, dans le cas d'urgence, ou à dresser des procès-verbaux de dénonciation ou de renseignements. (*Guide formulaire de la gendarmerie,* par M. Etienne Meynieux.)

Matériaux. — D. Que doit-on exiger lorsqu'il y en a de déposés sur une route ou toute autre voie publique?

R. Que ces dépôts soient éclairés, selon l'art. 471. C. P., ainsi que les excavations du sol, lesquelles doivent être en outre entourées de garde-fous.

Monuments, promenades, plantations. — D. La gendarmerie a-t-elle une surveillance à exercer à l'égard des monuments publics, des promenades et des plantations?

R. Elle est tenue de verbaliser contre ceux qui les salissent, les dégradent ou les coupent, selon qu'il est dit 479. C. P.

Pétards et artifices. — D. Est-il permis de tirer des pétards ou autres pièces d'artifice?

R. Oui, sauf dans les endroits où cela a été défendu par des arrêtés municipaux. Dans ce dernier cas, verbaliser en vertu de l'art. 471.

C. P., et confisquer les pièces d'artifice. (472. C. P.)

Outrages ou voies de fait envers la gendarmerie. — D. Que faut-il entendre par ces termes ?

R. Sont outrages : les paroles injurieuses, les gestes insolents ou indécents.

Constituent des vois de fait : les bourrades et les coups.

D. Que doit-on faire de ceux qui s'en rendent coupables envers la gendarmerie ?

R. Les arrêter *immédiatement* et les conduire devant le procureur de la République (301. D. G.)

Violences ou voies de fait envers les personnes. — D. La gendarmerie doit-elle intervenir lorsqu'elle aperçoit quelqu'un exerçant des violences ou voies de fait contre les personnes ?

R. C'est non seulement son droit mais encore son devoir, et elle est tenue d'arrêter celui qui s'en rend coupable (308. R. G.)

Remise à la gendarmerie par des militaires. — D. La gendarmerie a-t-elle le pouvoir, même en présence d'un *ordre écrit*, de maintenir en état d'arrestation des individus qui lui sont amenés par des militaires (quel qu'en soit le grade) ayant été outragés ou injuriés ?

R. Elle ne peut que recevoir les plaintes de ces militaires et en dresser procès-verbal en vertu de l'art. 224. C. P., qui vise les outrages envers les dépositaires de la force armée.

Cela fait, sous peine de se rendre complice d'une arrestation arbitraire. (632. D. G.), elle est tenue de remettre en liberté les individus qui lui ont été amenés, à moins cependant qu'*en sus* des outrages ou injures, ils n'aient commis un acte assimilable au flagrant délit.

Ainsi, elle doit conduire devant le procureur de la République tout individu qui lui a été remis et qui, soit dans les casernes ou autres établissements militaires, soit sur le terrain de manœuvres et autres lieux de réunion d'une troupe en service, a été surpris en flagrant délit de provocation à l'indiscipline par discours, cris ou menaces proférés dans des lieux ou réunions publics, écrits, imprimés vendus ou distribués, mis en vente ou exposés au regard du public (art. 23 et 25 de la loi du 12 décembre 1893 et circulaire ministérielle du 12 février 1894), ou encore qui a adressé une provocation à des militaires des armées de terre et de mer dans le but de les détourner de leurs devoirs militaires et de l'obéissance qu'ils doivent à leurs chefs dans ce qu'ils leur commandent pour l'exécution des lois et règlements militaires et la défense de la constitution républicaine (Art. 2 de la loi du 28 juillet 1894).

D. Mais s'il s'agit de militaires d'une troupe en marche qui lui sont conduits en vertu d'un ordre ?

R. Elle doit alors les recevoir sur réquisition *écrite et motivée* du chef de corps ou de détachement, portant de les conduire devant le général commandant la subdivision de région. (354. D. G. modifié par la circ. minist. du 8 février 1860.)

CHAPITRE II.

Service de tournée dans les communes.

Avant le départ. — D. Quels sont les devoirs des gendarmes commandés?

R. 1° Se faire inspecter par leur chef de brigade (230. D. G.);

2° Réclamer : la feuille de service pour la faire viser dans les endroits visités; le carnet n° 13 dit de tournée de communes, où sont consignés les renseignements à prendre; enfin les pièces à remettre.

Dans les communes. — D. Quels sont les principaux renseignements à prendre?

R. Le carnet n° 13 en donne le détail comme il suit :

1° S'enquérir de la conduite des gardes champêtres et des mutations de ce personnel. (641. D. G.)

2° Rechercher les individus contre lesquels des mandats de justice ont été décernés. Demander s'ils n'ont point paru et si l'on sait le lieu de leur refuge. (289. D. G.)

3° S'enquérir des déserteurs et insoumis, du pays où ils se trouvent et s'ils donnent de leurs nouvelles. (336. D. G.)

4° Se renseigner sur les gens mal famés, ne se livrant à aucun travail. Savoir s'ils s'absentent; si c'est de jour ou de nuit; si leurs absences sont fréquentes et prolongées. (333. D. G.)

Ces indications permettent souvent de découvrir les auteurs de méfaits restés jusque-là inconnus.

5° Demander si des militaires décorés ou médaillés sont décédés. Dans ce cas, prendre les dates de nominations dans l'ordre et du décès, le nom du corps dans lequel ils avaient servi et leur dernier grade. Indiquer s'ils étaient en activité ou en retraite.

6° S'assurer que les militaires en congé se conduisent bien et que ceux dont le titre est expiré ont rejoint leur corps. (348. D. G.) S'il y en a de décédés, le constater par procès-verbal et y joindre une copie de l'acte de décès; retirer les effets militaires et en dresser un inventaire.

7° Faire visiter en leur présence ceux de ces militaires ne pouvant rejoindre pour cause de maladie subite. Dresser procès-verbal de cette visite, auquel on annexe, légalisé par le maire, le certificat du médecin. Faire parvenir ces pièces au général commandant la subdivision de région. (350. D. G.)

D. Les gendarmes ont-ils encore d'autres renseignements à prendre ?

R. Oui. 1° Demander s'il y a des maraudeurs, mendiants valides, vagabonds, dans les environs, afin de les rechercher. (333. D. G.)

2° S'il règne des maladies contagieuses sur les personnes (324. D. G.) ou des épizooties sur le bétail. (326. D. G.)

3° S'il y a des auberges où l'on se livre au jeu ou à la débauche; ou encore restant ouvertes après l'heure réglementaire.

4° Rechercher les colombiers clandestins ;

5° Se rendre compte des travaux d'art qui seront à garder en cas de mobilisation ;

6° Se renseigner sur les individus, les animaux et les véhicules qui peuvent être réquisitionnés à un titre quelconque en cas de mobilisation ;

7° Surveiller la conduite des jeunes gens candidats à la gendarmerie ;

8 Enfin, vérifier dans les mairies la tenue régulière des registres pour l'avis à donner au recrutement du décès des hommes âgés de 20 à 46 ans. (Circ. du 13 juin 1890.)

Heures des tournées. — D. Quelles sont celles devant être choisies ?

R. Les heures doivent continuellement varier en raison du temps, de la saison, des habitudes locales. Il doit en être de même des itinéraires à suivre, seule manière d'arriver à la connaissance parfaite de tous les chemins de la circonscription.

Pendant le parcours. — D. Sur quoi doit se porter l'attention des gendarmes ?

R. Principalement sur les faits suivants devant être constatés par procès-verbaux et les auteurs recherchés :

1° Feux allumés à moins de 100 mètres des habitations ou des bois. (148. C. F.)

2° Dégradations commises aux haies, clôtures, fossés, arbres bordant les routes et dégâts commis dans les champs. (315-322. D. G.)

3° Boissons transportées en fraude. (302. D. G.) (Voir aux opérations diverses pour la manière d'opérer.)

4° Individus exerçant des professions ambulantes en contravention à la loi du 7 décembre 1874, relative aux enfants âgés de moins de 16 ans. L'acte de naissance des enfants devra toujours pouvoir être produit.

5° Voituriers et rouliers en contravention à la loi sur le roulage. (Voir le résumé du service de surveillance de cette loi.)

Faits à signaler. — D. Quels sont les faits que la gendarmerie a obligation de signaler aux autorités administratives ?

R. Animaux trouvés morts. On doit requérir le maire de la commune sur le territoire de laquelle ils sont trouvés de les faire enfouir (325. D. G.) et dresser procès-verbal contre le délinquant (13. C. R.); quant à ceux de ces animaux morts atteints de maladies contagieuses, ils doivent l'être avec leur cuir. (326. D. G.)

Dénoncer aux maires les propriétaires ayant négligé de faire écheniller. (327. D. G.)

Individus devant être arrêtés. — D. Quels sont-ils ?

R. 1° D'abord tous ceux en flagrant délit de crime ou délit (*Loi du* 20 *mai* 1863) et comme il a été déjà dit au service de ville.

2° Ceux qui, par imprudence, négligence ou rapidité de leurs animaux ou voitures ont blessé des personnes ou commis des dégâts. (319. D. G.) Les conduire devant le maire, lequel constate leur identité et se fait déposer, au besoin, des garanties en vue des dommages causés.

3° Ceux qui, dans les foires ou marchés, tiennent des jeux de hasard. Les conduire également devant le maire. (332. D. G.) La saisie des instruments et enjeux est faite en vertu de l'art. 475, C. P.

4° Ceux qui mendient avec menaces, faux certificats, déguisements, pendant la nuit, en simulant des infirmités, en s'introduisant dans les maisons, ou enfin qui sont valides, c'est-à-dire en état de faire un travail quelconque, ou encore les mendiants invalides ou âgés trouvés mendiant hors du lieu de leur domicile. (333. D. G.)

Les mendiants invalides ou âgés trouvés se livrant *par hasard* à la mendicité *en dehors* de leur commune doivent être conduits devant le maire *de la localité où ils sont rencontrés*, et celui-ci peut les mettre en liberté, si leur identité lui est connue ; mais si c'est chez eux une habitude de mendier *hors* de leur commune, ils sont susceptibles d'être conduits directement devant le procureur de la République.

Séjour dans les communes. — D. Les gendarmes doivent-ils se borner à traverser les communes dont ils ont la surveillance et à faire signer leur feuille?

R. Leur devoir est d'y rester tout le temps nécessaire non seulement pour s'enquérir des crimes ou délits ayant pu être commis, pour y remplir les missions dont ils ont été chargés par leur chef de brigade, mais encore afin de s'assurer que les lois et règlements y sont observés et d'agir exactement comme ils le doivent faire étant en leur résidence en service de ville. Ils doivent encore visiter les habitations isolées.

Zone frontière. — La gendarmerie est tenue de signaler par la voie de ses chefs aux officiers du génie, les travaux que l'on exécute, dans la zone frontière, sur les routes, chemins vicinaux ou forestiers, sur les cours d'eau navigables ou flottables, sur leurs ponts, toutes les fois que ces travaux dépassent ce qui est nécessité par leur entretien et à l'exclusion de tous travaux de construction ou d'amélioration. (Circ. minist. du 10 août 1854 et du 27 mars 1877.)

Espionnage. — Toute personne qui, par des moyens frauduleux, se sera introduite dans une place forte, un poste, un établissement militaire ou maritime, qui aura exécuté des levés ou opérations topographiques dans un rayon d'un myriamètre autour des places fortes, postes, établissements militaires ou maritimes, doit être arrêtée par la gendarmerie et mise à la disposition de l'autorité judiciaire. (Loi du 18 avril 1887 et circ. confid. n° 4 du 10 novembre 1886.

CHAPITRE III.

Service dans les gares.

Dans les cours et stations. — D. Quels sont les devoirs des gendarmes ?

R. Dans les cours et aux abords de la gare, empêcher les conducteurs d'omnibus, de voitures publiques et les commissionnaires d'assaillir les

voyageurs ; de prendre et charger les colis contre
leur gré. Les empêcher encore de se battre, que-
reller ou de gêner la circulation.

Verbaliser contre les cochers qui abandonnent
leur attelage (474. C. P.), contre les entrepre-
neurs de diligence ou d'omnibus dont les voitures ne portent pas *lisiblement* écrit à *l'intérieur* et dans un endroit *apparent* le nombre de
places et le prix exigible par voyageur et par
colis (art. 30 du règlement sur le roulage) et
contre les mendiants.

Les contraventions à l'art. 2 du réglement re-
latif à la police des cours des gares, emplacements
assignés aux différentes voitures, sont du ressort
des commissaires de surveillance administrative ;
mais la police locale n'en doit pas moins intervenir dans le cas où les mesures prises par ces
fonctionnaires occasionneraient des cris, rixes
ou autres délits qui doivent être poursuivis ou
réprimés. (Circ. du Ministre de l'intérieur du 24
février 1894.)

A l'intérieur. — D. En quoi consiste le service
à l'intérieur ?

R. A rechercher les individus signalés et à
prêter main-forte, lorsqu'ils en sont requis, aux
commissaires de surveillance et aux autres agents
préposés à la surveillance des chemins de fer, y
compris les gardes-barrières. (459. D. G.)

Dans la pratique et à moins de nécessité im-
périeuse, la main-forte doit être réclamée par
un des chefs de service à la gare.

Main-forte. — D. Que doit-on entendre par
prêter main-forte ?

R. C'est aider à quelqu'un. Par conséquent, la personne à laquelle on vient en aide doit, réciproquement, soit par elle-même, soit par les agents sous ses ordres, concourir à l'action.

Militaires. — D. Quels sont les devoirs du gendarme de planton à leur égard ?

R. Il doit demander l'hexibition des permissions ou congés aux militaires qui *arrivent* ou qui *partent* afin de s'assurer qu'ils sont en position régulière, en s'adressant de préférence à ceux dont la conduite ou la tenue laisserait à désirer. (Art. 180 du service intérieur.)

Militaires en retard ou sans titre. — D. Que doit faire le gendarme de ceux dépourvus de titre régulier ou étant en retard de rejoindre ?

R. Il doit les arrêter (536. D. G.), pour les conduire ensuite directement à leur corps, si leur garnison est plus rapprochée de la brigade que le chef-lieu de département.

Dans le cas contraire, ou si le régiment du militaire arrêté n'a pas sa garnison parfaitement connue, la conduite a lieu sur le chef-lieu du département. Le militaire est remis à la place sur l'ordre du général commandant la subdivision régionale. (340, D. G.)

Militaires ivres. — D. Quel est le rôle du gendarme à l'égard des militaires ivres, en mauvaise tenue ou troublant l'ordre ?

R. Il prend le numéro matricule, celui du régiment et le nom des hommes débraillés, en mauvaise tenue ou troublant l'ordre, et fait parvenir ces renseignements hiérarchiquement à l'autorité militaire.

Il arrête les militaires en état d'ivresse et les conduit à la chambre de sûreté de la caserne.

Ces militaires une fois rentrés dans leur état normal sont mis en liberté, et mention du motif de retard apporté à leur voyage est faite sur leur titre d'absence dans la forme ci-après :

« En état d'ivresse, le (date) au train de (heure), par le gendarme X, conduit à la chambre de sûreté de la brigade de X et mis en liberté le (date), à (heure). »

Le chef de brigade signe ensuite.

L'arrestation est constatée par procès-verbal en triple expédition dont la première est destinée au général commandant la subdivision de région et la deuxième au chef de corps.

Tenue des gendarmes — D Quelle est l'attitude à garder par les gendarmes de service à l'intérieur des gares ?

R Il leur est défendu de fumer et de causer sans nécessité pendant l'arrêt des trains Ils doivent s'abstenir *de s'attabler dans les buvettes* et leur tenue doit être irréprochable. (Circ. min. 15 décembre 1878, at art. 180 du service intérieur.)

Crimes, délits et contraventions sur les voies ferrées. — D La gendarmerie a-t-elle qualité pour les constater ?

R. Non. Elle doit se borner à en rendre compte à ses chefs, mais au moyen de rapports et non de procès-verbaux. (315-632. D. G. ; Circ. minist. du 1er octobre 1859.)

Militaires détachés dans les réseaux. — D. Quels sont les devoirs de la gendarmerie à l'égard de ces militaires ?

R. Des militaires pris dans les troupes actives du génie sont détachés sur les réseaux des six grandes compagnies, dans la position de congé de six mois renouvelable-

Ils sont tenus de se présenter à la gendarmerie à leur arrivée dans les résidences où ils sont employés et à leur départ.

Les demandes de permissions au-dessus de quatre jours et les congés à renouveler sont remis à la gendarmerie chargée de les adresser à qui de droit.

Si pour une cause quelconque l'homme cesse d'être employé, le corps en avise la gendarmerie afin qu'il rejoigne son régiment.

S'il quitte son poste sans autorisation, le militaire est considéré comme absent illégalement. (Règl. du 11 juillet 1886.)

CHAPITRE IV.

Opérations diverses.

Notifications. — *Assignation à témoigner.* — D. Si exceptionnellement la gendarmerie en est chargée, comment la notifier ?

R. Pour plus de sûreté, à la personne elle-même et la remise doit avoir lieu en main propre. Au cas où, bien que présente, la personne ne serait pas à son *domicile* quand la gendarmerie s'y présente, il est prudent de porter l'assignation au maire, qui vise l'original et reste chargé de la remise de la copie. (107. D. G.; 72. C. I. C. et 4. C. P. C.)

En agissant ainsi, la responsabilité du gendarme est complètement à l'abri.

Extrait de la liste du jury. — D. Comment se notifie un extrait de cette liste ?

R. Exactement comme une assignation à témoigner. (108. D. G. et 4. C. P. C.)

Mandat de comparution. — D. Comment se notifie ce mandat ?

R. Les gendarmes doivent se borner à l'exhiber à celui qui en est l'objet, à lui en donner lecture, puis à lui en délivrer copie. (97. C. I. C.) Mais ils ne peuvent arrêter l'individu contre lequel il est décerné, alors même qu'ils auraient la certitude qu'il n'y obéira pas ; mais il est alors de leur devoir d'en informer le procureur de la République, afin qu'il puisse aviser.

Main-forte aux huissiers. — D. Que doivent faire les gendarmes, quand les huissiers viennent réclamer la main-forte ?

R. Exiger une réquisition *écrite* et la justification du mandat ou du jugement. (459. D. G.)

D. Quel est le rôle de la gendarmerie pendant que l'huissier opère ?

R. Elle doit rester complètement étrangère aux opérations des huissiers porteurs de mandats d'arrestation ou chargés de faire une saisie. Son rôle se borne à les protéger contre *les voies de fait et à lever les difficultés* qui pourraient entraver leur action. (98. D. G.)

D. Les gendarmes ont-ils un procès-verbal à dresser ?

R. Après avoir pris connaissance de celui dressé par l'agent auquel ils ont prêté main-forte, les gendarmes *peuvent* le signer, si la sincérité de l'acte leur paraît établie ; mais ils n'ont pas de procès-verbal à dresser par eux-mêmes, tant que leur assistance est restée passive. Leur service est justifié par une inscription au Journal de la brigade. (490. D. G.)

Mais si leur assistance avait dû devenir active, c'est-à-dire au cas où par exemple, obligé de garantir l'agent qui les a requis, ils devenaient eux-mêmes l'objet d'outrages ou de voies de fait, ils auraient alors à verbaliser conformément à l'art. 301. D. G.

Boissons transportées en fraude. — D. Comment les gendarmes sont-ils autorisés à s'en assurer et comment doivent-ils procéder ?

R. Rencontrant une voiture chargée de fûts pouvant contenir des liquides soumis aux droits, ils doivent demander au conducteur l'exhibition du congé, passavant ou acquit-à-caution. Puis s'assurer principalement : 1º S'il y a identité entre le nombre des fûts et celui qui est consigné au congé ; 2º si les liquides sont bien de la nature de ceux qui y sont indiqués ; sinon verbaliser.

Il y a encore lieu de le faire : 1º lorsque le conducteur ne peut ou ne veut exhiber son congé ; 2º si la voiture est rencontrée dans une direction autre que celle indiquée au congé ; 3º si le conducteur est trouvé déchargeant ailleurs que chez le destinataire dénommé.

D. Que doivent faire des gendarmes lorsqu'ils sont certains de la contravention ?

R. S'ils reconnaissent le délinquant solvable, après estimation approximative du chargement en fraude, de la voiture et des chevaux, ils laissent le tout à sa charge, sous promesse formelle d'en représenter la valeur à toute réquisition de la justice. Mais ils les conduisent devant le receveur buraliste le plus proche afin de lui faire délivrer un acquit-à-caution. (Lettre circulaire de la Direction générale du 20 mars 1872.)

Si le délinquant est jugé insolvable, et ne peut fournir de caution suffisante, il est conduit avec son chargement chez le receveur buraliste le *plus proche*.

Si le délinquant est inconnu, il est amené devant le maire de la commune sur laquelle il est rencontré, pour constatation d'identité et fournir caution.

En thèse générale, les chargements ne doivent être retenus, c'est-à-dire la saisie réelle opérée, que si les gendarmes se trouvent en présence de fraudeurs de profession. (Circ. minist. du 13 mai

1872 et instruction du directeur général des contributions indirectes du 20 mars 1872.) (Voir *Droits et attributions de la gendarmerie en matière de douanes et de contributions indirectes.*)

Cadavres découverts ; mort violente.
— D. Que doivent faire les gendarmes qui font la découverte d'un cadavre, ou qui apprennent qu'il en a été trouvé, ainsi que toutes les fois qu'il y a mort violente ?

R. Faire prévenir l'officier de police judiciaire le plus à proximité, afin qu'un médecin soit requis d'avoir à constater s'il y a eu suicide, accident ou crime.

S'assurer que l'inhumation n'a eu lieu qu'après cette formalité remplie ; puis dresser procès-verbal de constatation, en ayant le soin d'énumérer les valeurs trouvées sur le cadavre, surtout si c'est celui d'une personne étrangère à la localité (283. D. G.)

Aliénés. — D. Dans quelles limites la gendarmerie est-elle appelée à intervenir ?

R. Elle doit se *borner* à se saisir des aliénés furieux ou dangereux pour la sécurité publique, puis à les remettre entre les mains du maire de la commune. Mais tout danger étant conjuré, la gendarmerie ne peut être commise *ni à leur garde, ni à leur transport dans un hospice.* (Circ. minist. du 25 mai 1872.)

Inondations. — D. Quels sont les premiers devoirs de la gendarmerie ?

R. Empêcher la circulation sur les points reconnus dangereux ; se porter au secours des personnes menacées et à défaut de meilleurs moyens, si des citoyens courageux se dévouent pcur le sauvetage des inondés, faire réunir deux barriques vides par une bonne traverse de bois. Cet appareil soutient le sauveteur, amortit des chocs souvent dangereux et peut ensuite s'utiliser pour sauver les personnes.

Visites domiciliaires, perquisitions.
— D. Quand la gendarmerie est-elle en droit d'en faire et quelles sont alors les formalités à observer?

R. Hors le flagrant délit, la gendarmerie n'a jamais le droit de s'introduire dans une maison sans la volonté du maître. (292. D. G.) Soit donc qu'il s'agisse de la notification d'un mandat, d'un jugement, soit qu'il s'agisse de rechercher des objets volés, au moyen d'une perquisition, on ne peut pénétrer *de force* dans la maison d'un citoyen, sans se faire assister du maire ou d'un autre officier de police judiciaire.

Attentats contre les personnes. —
D. Que doivent faire les gendarmes à la nouvelle d'un attentat contre la vie de quelqu'un?

R. Se porter rapidement sur les lieux du crime. S'assurer si la victime respire encore, afin de requérir de suite un médecin d'avoir à lui donner ses soins. Envoyer en même temps prévenir et leur chef et l'autorité judiciaire du lieu.

Si les gendarmes se trouvent en présence d'un cadavre, empêcher qu'on y touche et que l'on foule aux pieds les traces pouvant exister alentour.

Examiner les gens qui viennent en curieux, car si l'assassin n'est encore ni soupçonné, ni connu, il arrive fréquemment qu'il ne peut s'empêcher de venir regarder et écouter.

Si des indices de culpabilité suffisants viennent à se produire contre quelqu'un de présent, s'en saisir et le garder à vue jusqu'à l'arrivée de la justice.

Si l'assassin présumé a pris la fuite, s'élancer sur ses traces, tout en informant par exprès ou télégramme les brigades voisines, et faire garder le cadavre.

Émeute, sédition. — D. Quelle conduite la gendarmerie doit-elle tenir?

R. Épuiser d'abord tous les moyens de conciliation et conserver le plus grand calme, qui n'exclut ni la fermeté, ni la résolution, afin d'agir avec une grande vigueur si cela devenait malheureusement nécessaire.

Usage et emploi des armes. — D. Dans quelles circonstances les gendarmes ont-ils le droit de faire usage de leurs armes?

R. De leur propre initiative, ils ne peuvent faire usage de leurs armes que dans les *trois* cas ci-après :

1º S'ils sont l'objet de violences suffisamment graves ou de voies de fait, c'est-à-dire si on les frappe rudement, si on leur lance des pierres ou autres corps durs devant les blesser (297. D. G.)

2º Si on tente de leur enlever par la force le ou les prisonniers confiés à leur garde ou arrêtés par eux en cas de flagrant délit, ou enfin si on cherche à les chasser du poste qu'ils ont charge d'occuper. (297. D. G. et C. P.) Ils repoussent, dans ces cas, la force par la force, en vertu d'ordres militaires, et sont couverts par leurs règlements.

3° S'ils sont mis en joue, leur vie se trouvant directement menacée. (Circ. minist. du 30 nov. 1853.) Ils obéissent à un ordre ministériel.

L'art. 417 du décret du 1er mars 1854 ne doit pas être pris au pied de la lettre ; c'est-à-dire que les gendarmes n'ont pas le *droit* de faire feu sur un prisonnier qui s'évade de leurs mains, même après l'avoir sommé de s'arrêter. Tant qu'ils ne sont pas l'objet de violences de sa part, ils n'ont pas le pouvoir de tirer dessus, leur vie n'étant nullement menacée. L'art. 417 précité n'est donc applicable qu'au cas de conduite d'un convoi considérable de prisonniers et entrant en révolte contre les quelques gendarmes chargés de l'escorte.

Contrainte par corps. — D. Comment se met-elle à exécution?

R. Ces sortes d'arrestations ne peuvent avoir lieu : 1° avant ou après le coucher du soleil ; 2° les dimanches et jours fériés ; 3° dans les édifices consacrés au culte, pendant les offices ; 4° dans le lieu et pendant les séances des autorités constituées: 5° dans une maison quelconque, même celle du domicile, à moins qu'il n'ait été *ainsi ordonné ;* 6° si le débiteur est muni d'un sauf-conduit. (781-782. C. P. C.)

D. Où doit être conduit le débiteur arrêté?

R. Où il est indiqué sur la réquisition écrite du procureur de la République, en vertu de laquelle l'arrestation a lieu. Cette réquisition est absolue, et la gendarmerie n'a d'autre mission que de la mettre à exécution. Et c'est au procureur qu'il appartient, d'indiquer sur son réquisitoire que la personne arrêtée sera mise en liberté, si elle s'acquitte de sa dette. (Circ. du Ministre de la justice du 25 avril 1888.)

Néanmoins, si la personne arrêtée demandait à être conduite en référé, il y aurait lieu de la mener devant le président du tribunal, lequel a le droit de prononcer la mise en liberté.

Plaintes et dénonciations. — D. Quelle différence y a-t-il entre une plainte et une dénonciation?

R. Lorsque la déclaration d'un fait délictueux est rapportée par la personne *lésée*, c'est une *plainte*. Mais si le fait rapporté ne la concerne pas *personnellement*, c'est une *dénonciation*.

D. La gendarmerie doit-elle verbaliser dans les deux cas?

R. Oui, elle y est obligée par l'art. 488. D. G. Mais elle doit avoir la précaution, si les *déclarations* ne lui sont pas remises par écrit, de les faire signer par leurs auteurs. S'ils ne veulent ou ne savent, mention doit en être faite au procès-verbal.

D. La gendarmerie a-t-elle le droit d'opérer une arrestation à la suite d'une plainte ou dénonciation, soit verbale, soit écrite?

R. Non. Il lui faut tout d'abord s'assurer que le fait rapporté a été réellement commis; ensuite que le coupable se trouve encore dans un des cas constituant le flagrant délit. (632. D. G.)

Cependant, si l'individu était un repris de justice ou un vagabond, il devrait être arrêté.

Heures des arrestations. — D. Quelles sont les heures auxquelles les arrestations peuvent avoir lieu légalement au domicile des citoyens, c'est-à-dire en dehors des lieux publics?

R. Du 1er avril au 30 septembre, pas avant quatre heures du matin et après neuf heures du soir. Du 1er octobre au 31 mars inclus, pas avant six heures du matin et pas après six heures du soir. (291. D. G.)

Inculpé présent. — D. Comment s'y prendre dans ce cas?

R. S'il ne refuse pas l'entrée de son domicile, lui signifier le mandat, lui en donner lecture, lui en délivrer copie et l'arrêter. (97. C. I. C.)

Refusant l'entrée. — Si l'inculpé refuse l'entrée, garder son domicile à vue pendant qu'un gendarme se détache pour requérir le maire ou l'adjoint ou le commissaire de police d'avoir à faire ouvrir les portes de vive force ; puis vaincre la résistance. (Loi du 29 sept. 1791.)

Refus des officiers de police. — Si les officiers de police précités refusaient leur intervention, cerner la maison et faire prévenir de suite le procureur de la République.

Résistance armée. — D. Mais si malgré l'intervention d'un officier de police judiciaire *présent,* l'inculpé ne se contentant pas d'une résistance passive, venait à lancer des projectiles, à tirer des coups de feu sur ceux appelés à pénétrer chez lui de par la loi, quels seraient les moyens pratiques à employer pour le réduire?

R. L'art. 99 du Code d'instruction criminelle et l'art. 170 de la loi du 28 germinal an VI, disent que l'inculpé devra être contraint, au besoin par la force. Il est utile d'y joindre la ruse pour éviter des malheurs. C'est pourquoi on cherchera à faire user les munitions du rebelle. Brûler du foin mouillé de telle sorte que la fumée épaisse qui s'en dégage soit chassée de son côté, afin de dérober les mouvements des assaillants. Attacher sur deux roues assemblées par un essieu une longue et forte poutre, et lancer ce bélier contre les ouvertures pour les enfoncer.

L'entrée, devenue praticable, s'élancer tous ensemble à un signal convenu *d'avance*, afin d'éviter d'être frappés successivement. Pendant ce temps, partie des assaillants embusqués à l'abri font feu du côté de l'assiégé pour appeler sur eux son attention afin d'en profiter pour donner l'assaut.

Inculpé réfugié. — D. Si un individu devant être arrêté s'était réfugié dans la maison d'un particulier qui en refuserait l'entrée à la gendarmerie, que devrait-elle faire?

R. La gendarmerie ne peut que cerner la maison et réclamer les instructions du procureur de la République. Elle pourrait encore, s'il y avait urgence, requérir la présence d'un officier de police judiciaire de la localité et agir en déployant la force. (293. D. G.)

Pendant la nuit. — D. Lancée à la poursuite d'un individu en flagrant délit de crime ou sous le coup d'un mandat d'arrestation, la gendarmerie apprend qu'il s'est réfugié dans une maison autre que la sienne, mais le temps de nuit est arrivé; que peut-on faire?

R. L'intérêt de la sécurité des personnes fait un devoir à la gendarmerie de prévenir le chef de cette maison de la situation. Alors s'il donne son agrément on opère l'arrestation, comme sur sa réquisition. (291. D. G.)

Mais en cas de refus, la gendarmerie ne peut insister, et sa seule ressource est alors de cer

ner la maison en attendant l'heure légale pour
agir comme il est dit ci-dessus et dresser procès-verbal contre le recéleur, après lui avoir
toutefois fait connaître que l'individu poursuivi
est un criminel. (Art. 248 du C. P.)

Inculpé dans les lieux publics. — D. Les
gendarmes ont-ils le droit d'y pénétrer pour le
rechercher et l'arrêter?

R. Oui, jusqu'à l'heure où ils sont fermés au public. (290. D. G.) Dans les maisons dites de tolérance, il est permis d'y pénétrer à toute heure de
jour et de nuit. (129 de la loi de germinal an VI.)

Inculpé dans une église. — Si le lieu public
était un édifice consacré au culte, bien qu'on soit
en droit d'y pénétrer lorsqu'il est ouvert au public, il est cependant convenable (à moins d'urgence) d'attendre la fin de l'office, ou intervalle de
deux messes, pour y opérer une arrestation.

Inculpé dit absent. — D. Quelle doit être la
manière d'opérer?

Mandat d'amener. — Si les gendarmes porteurs d'un mandat d'*amener* n'ont pas rencontré
l'individu contre lequel il est décerné, et après
s'être présentés à son domicile, il faut se rendre
chez le maire de la commune, lui exhiber le mandat et lui faire *viser* l'original du procès-verbal
de recherches infructueuses. (105. C. I. C.)

Mandat d'arrêt. — Si les gendarmes sont porteurs d'un mandat d'*arrêt*, la perquisition devra
être faite en présence des deux plus proches
voisins que les gendarmes *pourront* trouver,
lesquels signeront au procès-verbal. S'ils ne le
savent ou ne le veulent, mention en sera faite.

En cas de refus des voisins, on doit s'adresser
au maire pour les remplacer. La 1re expédition

du procès-verbal est ensuite *visée* par le maire ou le juge de paix, et il en est laissé copie. (109 C. I. C.) Si l'absence est notoire, la perquisition ne doit pas se faire.

Inculpé hors de l'arrondissement judiciaire. — D. Si le recherché est trouvé hors de l'arrondissement du juge ayant délivré le mandat, que faut-il faire?

R. Etant porteur du mandat, on conduit l'inculpé devant l'autorité locale, qui est requise de *viser* ce mandat et ne peut s'opposer à sa mise à exécution. (98. C. I. C.)

D. N'y a-t-il pas une exception?

R. Oui, si le recherché était trouvé à *plus de cinquante kilomètres* du domicile de l'officier de police qui a délivré le mandat et si la date de ce mandat était antérieure de *plus de* 48 *heures.* L'inculpé serait alors conduit devant le procureur de l'arrondissement dans lequel on se trouverait ; ce magistrat décerne alors un mandat de dépôt.

Si cependant lors de son arrestation, l'inculpé était trouvé nanti d'objets pouvant faire présumer qu'il est auteur ou complice du crime pour lequel il est recherché, il serait alors conduit *directement* devant le juge mandant. (100. C. I. C.)

Inculpé arrêté. — D. Quelles sont les précautions à observer par les gendarmes pour éviter d'être victimes d'un excès de complaisance?

R. Aussitôt l'arrestation *signifiée* la responsabilité des gendarmes est absolue. (416-423. D. G.) Tout en ayant des formes polies et mêmes courtoises, si l'inculpé en est susceptible, les gendarmes s'assurent de sa personne et doivent se retrancher sur la rigueur de la consigne, pour opposer un refus à toute démarche pouvant faciliter une évasion. Les adieux de la famille, une syncope simulée, un vêtement à changer, un besoin naturel à satisfaire sont parfois autant de prétextes dont il faut se méfier.

Avant de laisser entrer dans une pièce, exiger la fermeture des fenêtres et des portes de communication. N'autoriser l'ouverture des placards et cabinets qu'après s'être assurés qu'ils n'ont pas une issue par laquelle on peut s'échapper. Exiger même que la porte des cabinets d'aisances reste entr'ouverte, s'il y a un besoin à laisser satisfaire, et prendre des précautions pour qu'on ne puisse se verrouiller en *dedans*.

Inculpé laissé à la garde des gendarmes. — D. Quelles sont les précautions à prendre pour éviter les évasions ?

R. Tant que les gendarmes n'ont pas obtenu décharge des individus mis par eux en état d'arrestation ou leur ayant été remis en garde par des autorités ou même de simples citoyens, les ayant surpris en flagrant délit, ils en restent complètement responsables.

Si donc la pièce où le prisonnier a été déposé en attendant sa conduite devant l'autorité judiciaire n'offrait pas les plus sérieuses garanties, et surtout si l'on avait affaire à un malfaiteur dangereux, il faudrait lui placer les menottes. S'il tentait de briser les portes ou les cloisons, on peut enchaîner les jambes à hauteur des chevilles.

Si le local était en communication *directe* avec des rues ou des chemins publics, il faudrait faire le guet pour empêcher complices ou complaisants de percer un mur ou de forcer une serrure.

On devrait agir de même, si la chambre de sûreté de la caserne n'était pas bien établie.

Il faut encore s'assurer que le baquet de propreté et les pièces du lit de camp ne peuvent être démontées, car un bout de planche, un morceau de fer suffisent parfois pour creuser une ouverture par laquelle le prévenu s'évade.

En un mot, les gendarmes ne doivent jamais employer de rigueurs *inutiles* (415. D. G.); mais ils doivent aussi ne jamais oublier que toute négligence, tout défaut de surveillance, toute complaisance *non justifiée* par les règlements, peut amener une évasion qui les place sous le coup de punitions disciplinaires et même de poursuites. (237. C. P. et art. 7 de la loi du 4 vendémiaire an VI.)

Opérations judiciaires dans un bâtiment militaire. — *Citation à remettre.* — D. Comment doit s'y prendre la gendarmerie ayant une citation à remettre à un militaire logé dans un bâtiment militaire?

R. Il est convenable d'aviser d'abord le chef de corps ou de détachement de la mission dont on est chargé, afin qu'il puisse donner des ordres. On se présente au chef du poste de la garde de police, pour se faire conduire devant l'adjudant de semaine, en présence duquel on remet la citation au militaire qu'elle concerne. (Lettre ministérielle du 27 novembre 1860.)

Si le militaire était en fuite, la citation serait notifiée de préférence à un officier comptable et visée par le chef de corps.

Arrestation. — D. Si la gendarmerie était chargée d'une arrestation dans une caserne, comment opérer?

R. Il faudrait encore aviser par écrit le chef de corps ou de détachement, afin de lui demander les facilités pour remplir sa mission.

On se présente ensuite à la caserne, à l'heure convenue et donnée par le chef de corps. La remise du militaire devant être arrêté est faite par les soins de l'adjudant de semaine, en présence duquel on remplit les formalités exigées pour l'arrestation des militaires.

Enquête. — D. La gendarmerie est fréquemment appelée à faire des enquêtes, particulièrement en vertu d'ordres militaires ou de réquisitions administratives, quelle est la forme qui doit être employée et comment les faire?

R. La forme à employer est généralement celle du procès-verbal, conformément à l'art. 487. D. G. La gendarmerie doit recueillir les renseignements sous forme de déclarations signées, conservées à la brigade, mais rapportées dans le procès-verbal. Les gendarmes ne doivent pas se borner à les réclamer du maire et des parties intéressées, mais encore des personnes ayant un intérêt contraire, ou tout au moins désintéressées. On doit contrôler toutes ces déclarations, quand cela est possible, et en consigner le résultat. Ce n'est qu'à ces conditions qu'une enquête est complète et permet à l'autorité de statuer.

Lorsque les renseignements demandés sont en dehors des cas prévus par les instructions en vigueur, consulter ses chefs avant d'y faire droit.

Dans certains cas, comme pour des secours, des mariages, etc., un bulletin de renseignements suffit.

Sont formellement interdites les demandes plus ou moins mystérieuses tendant à se procurer des renseignements que l'on ne pourrait pas recueillir *franchement* et *légalement*. (119. D. G.)

CHAPITRE V

Service de transfèrement de prisonniers.

Sexes — D. Peut-on transférer ensemble des personnes de sexe différent?

R. Cela est absolument défendu. (368. D. G.)

Conduite par voiture ou voie ferrée. — D. Si la conduite ne devant avoir lieu à pied est faite par voiture ou voie ferrée, quelles en sont les conditions?

R. En voiture, personne ne peut y prendre place, sauf le conducteur.

Par chemin de fer, un compartiment de 2ᵉ classe doit être mis à la disposition des gendarmes, et *aucun voyageur* ne peut y être admis. (Circ. minist. du 14 juillet 1858 et instr. du 5 mai 1865.)

Dans les conduites ordinaires, les gendarmes d'escorte ne doivent pas prendre place à côté des prisonniers transférés en voiture, d'abord parce que la réquisition ou le bon de convoi ne s'applique qu'aux prisonniers, ensuite parce que cela ne conviendrait pas à la dignité de leur uniforme.

Le droit de prendre place à côté des détenus n'existe que pour les conduites extraordinaires en poste, par chemin de fer, ou lorsqu'un détenu paye les frais du transport.

Pièces indispensables. — D. Quelles sont celles dont les gendarmes doivent être porteurs?

R. 1° Les ordres de conduite, qui doivent être *individuels*, ainsi que les feuilles de route s'il s'agit de militaires.

Chaque ordre de conduite doit indiquer le signalement du prisonnier; le bordereau des pièces destinées à suivre doit être porté en *marge*; enfin la copie certifiée du mandat, de l'ordre ou de la réquisition en vertu desquels l'arrestation a eu lieu doit être inscrite *au dos*.

2° Le carnet de correspondance n° 7 sur lequel doit se donner le *reçu* des prisonniers, pièces, paquets ou effets confiés à la garde des gendarmes et dont ils doivent faire la remise.

Devoirs des gendarmes avant le départ. — D. Quels sont-ils?

R. Les gendarmes commandés doivent se rendre la veille à la prison afin de s'assurer si les prisonniers à transférer sont en état de partir. Si leur santé ou leur âge ne leur permet pas la marche, il faut requérir le maire de les faire visiter par un médecin, afin, s'il y a lieu, que le convoi soit accordé.

Si, devant faire la route à pied, leurs chaussures étaient mauvaises, il faut encore requérir le maire de leur faire délivrer celle à laquelle sont habitués les prisonniers : souliers, sandales ou sabots.

Devoirs au départ. — D. Quels sont ceux des gendarmes?

R. 1° S'assurer que les signalements répondent à ceux des individus à transférer; 2° que les ordres de conduite sont complets; 3° que rien ne manque des pièces ou effets énumérés au bordereau; 4° fouiller les prisonniers, leur retirer argent, objets dangereux ou tranchants, et en faire mention sur les feuilles (386. D. G.); 5° placer les chaînettes, vérifier la solidité des cadenas et de leurs serrures, en essayant de les ouvrir au moyen d'une violente secousse.

Devoirs en route. — D. Quels sont-ils?

R. Ne pas laisser les prisonniers mendier, s'enivrer; ne pas boire avec eux. (381-382. D. G.)

Précautions pendant le trajet. — D. Quelles sont celles à ne pas négliger?

R. Dans les endroits escarpés ou boisés, près des cours d'eau, sur les ponts, enfin, la nuit, la meilleure précaution est d'enrouler autour du poignet gauche d'un des gendarmes de l'escorte un des bouts de la chaîne par laquelle le prisonnier est attaché. Ce moyen est encore excellent lorsque, la conduite ayant lieu par voiture ou par chemin de fer, les gendarmes ont à redouter de succomber au sommeil, par suite de la chaleur ou de la fatigue. Il est encore applicable en traversant des centres populeux, et toutes les fois qu'on conduit un prisonnier dangereux, condamné à une forte peine, ou un grand criminel. Défaire les bretelles, les boucles du pantalon ou les ceintures des prisonniers, sont encore parfois de bonnes mesures de précaution.

Si les gendarmes sont à cheval, il ne leur est nullement défendu d'en user ainsi, mais ils ne doivent jamais attacher le prévenu à une partie quelconque du harnachement. (416. D. G.)

Prisonniers tombant malades en route. — D. Qu'en faut-il faire?

R. Requérir le maire de la commune *la plus voisine* de fournir le moyen de transport nécessaire pour la conduite jusqu'à la résidence de la brigade, l'hôpital ou la maison de détention la *plus proche.* Les y déposer et en tirer *reçu.* (390. D. G.)

Prisonniers qui meurent en route. — D. Comment agir?

R. Prévenir le maire de la commune *sur laquelle* un prisonnier est décédé et l'inviter à fair procéder à son inhumation dans les délais légaux. Les gendarmes doivent signer l'acte de décès et s'en faire délivrer une copie, qu'ils joignent à leur procès-verbal. (389. D. G.)

Tentative violente d'évasion. — D. Quelle est la conduite à tenir?

R. Une tentative d'évasion n'a jamais lieu de la part des prisonniers, que par suite d'un défaut de surveillance des gendarmes de l'escorte ou par un oubli des précautions indiquées. Mais elle peut se produire, si elle est provoquée par des perturbateurs cherchant à délivrer des camarades compromis. C'est alors que les gendarmes doivent faire application des art. 297 et 417 D. G. en faisant usage de leurs armes, tant contre ceux qui cherchent à leur enlever leurs prisonniers, que contre ces derniers, s'ils tentent de se dégager violemment.

D. Si, par suite de l'usage des armes, quelque prisonnier était resté sur place, que doit faire la gendarmerie?

R. Elle doit informer immédiatement l'officier de police judiciaire le plus à *proximité*, afin qu'il puisse se rendre de suite sur les lieux. (418. D. G.)

D. La conduite devrait-elle être interrompue s'il y avait d'autres prisonniers?

R. Non, à moins de décision contraire de l'autorité judiciaire ou administrative. (420. D. G.) Les gendarmes doivent seulement requérir le maire de faire garder le cadavre et lui faire remise, contre *reçu*, des prisonniers ayant été blessés, s'il y en avait, au point de ne pouvoir continuer la route, même sur voiture **requise** à cet effet.

Évasion. — D. Si, pour quelque cause que ce soit, une évasion avait eu lieu, que devraient faire les gendarmes?

R. Se mettre sur les traces de l'évadé, et faire prevenir les brigades voisines par la voie la plus rapide en donnant le signalement et la direction supposée. (422. D. G.)

D. Doit-on indiquer quelque part toute tentative d'évasion?

R. Oui, en *marge* de l'ordre de conduite, et à l'encre rouge, si cela se peut. (416. D. G.)

Militaires transférés. — D. De quoi doivent s'assurer les gendarmes avant de les recevoir?

R. 1° Qu'ils sont pourvus de tous les effets mentionnés à l'inventaire, lequel doit *toujours leur être remis;* car s'il manque des effets une fois à destination, les gendarmes sont tenus de les payer.

2° Que les militaires ont chacun une feuille de route individuelle portant leur signalement et sur laquelle les *fournitures* à recevoir en route sont indiquées. (395. D. G.)

Les autres pièces dont ils doivent être porteurs sont : l'ordre du général, la réquisition du chef de corps ou de détachement, l'expédition individuelle et certifiée des jugements.

D. Peut-on transférer ensemble des prisonniers civils et militaires?

R. Cela est absolument défendu. (Art. 55 du règlement du 10 juillet 1889.)

D. Comment ont lieu les transfèrements?

R. Les transfèrements ont lieu par les voies ferrées et en compartiments de 3ᵉ classe. (Note ministérielle du 19 octobre 1893.)

Dans les cas où le trajet a lieu en dehors des voies ferrées et qu'il soit nécessaire de requérir un convoi, la maladie est constatée par un certificat d'un médecin militaire, autant que possible, ou à défaut, d'un médecin civil désigné par le maire.

Il peut également être délivré des bons de convoi en cas de force majeure pouvant résulter de la saison, de l'état de viabilité des routes ou de raisons d'ordre public; ce cas est certifié par le commandant de la gendarmerie du gîte, ou, à défaut, par le chef de l'escorte.(Règlement du 27 février 1894 sur le service des convois militaires à l'intérieur.)

CHAPITRE VI

Service de surveillance de la loi sur le roulage.

En vertu de la loi du 30 mai 1851
et du décret réglementaire du 10 août 1852.

Cas d'exception. — D. Quels sont ceux où la gendarmerie n'est pas en droit d'appliquer la loi ?

R. 1º Quand ce sont des voitures en circulation sur des chemins ruraux, les seuls actuellement qui ne sont pas classés.

2º Quand ce sont des voitures servant à l'exploitation qui se rendent de la ferme aux champs ou réciproquement.

D. Mais si ces voitures étaient rencontrées abandonnées ou sans que leurs conducteurs fussent en position de guider leur attelage ?

R. Les gendarmes devraient verbaliser dans ces deux cas, mais en vertu de l'art. 475. C. P., qui en fait des contraventions de simple police.

D. Quelles sont les principales et habituelles contraventions de roulage communes à toutes les voitures servant ou non au transport des personnes ?

R. 1º Défaut d'éclairage ; 2º défaut de plaque ; 3º défaut de guides ; 4º abandon de voitures attelées ; 5º stationnement sans nécessité ; 6º

refus de s'arrêter pour se soumettre aux vérifi-
cations ou constatations ; 7° voituriers ou rouliers n'ayant pas cédé la moitié de la chaussée
et ne s'étant pas rangés à leur droite à l'ap-
proche d'une autre voiture ; 8° voitures traversant une ville ou un lieu habité au galop ou au
grand trot.

Eclairage. — D. Quelles sont les conditions
exigibles pour les voitures autres que les messageries ?

R. 1° Le falot ou lanterne doit être pourvu de
verres et fixé à la voiture en avant et à gauche.
(Art. 15 du règlement du 10 août 1852.)

2° Des voitures marchant à la file à moins de
20 mètres les unes des autres peuvent être
considérées comme formant convoi, alors même
qu'elles ne seraient pas au même propriétaire ;
dans ce cas, la voiture de tête est seule tenue
d'être éclairée. (Cass., 12 mars et 21 juillet
1854 et 1er juillet 1864.

Plaques. — D. Quelles sont les formalités
exigibles pour les plaques ?

R. La plaque doit être lisible, placée à gauche
et en avant des roues et porter en caractères
de cinq millimètres de hauteur au moins : *nom et
prénoms, profession, commune, canton, département.* (Art. 16 du règl.) En dehors des routes
nationales, départementales et de grande communication le nom et le domicile suffisent.
*(Dictionnaire des connaisssances utiles à la
gendarmerie,* aux mots : plaque, roulage.

Si la plaque était reconnue fausse, il faut
verbaliser en vertu de l'art. 8 de la loi sur le
roulage.

Guides. — D. Quelles sont les conditions fixées pour la tenue des guides?

R. Le conducteur doit être sur son siège; le roulier à côté de ses chevaux. (Art. 14 du règl.)

Abandon. — D. Quand faut-il verbaliser pour abandon de voiture?

R. Lorsque les voituriers laissent marcher leurs voitures et s'arrêtent ou suivent à distance; ou encore s'ils laissent leurs attelages près des auberges et y entrent pour boire. (Art. 14 du règl.)

Stationnement sans nécessité. — D. Dans quel cas?

Lorsque les voituriers arrêtent leur attelage *au milieu* des rues ou des routes, soit pour causer, soit pour décharger. (Art. 10 du règl.)

Refus de s'arrêter. — D. De quoi sont justiciables ceux qui refusent de s'arrêter à l'injonction des gendarmes?

R. De la police correctionnelle. (Art. 10 de la loi.)

Circulation. — D. Contre qui faut-il verbaliser pour maintenir libre la circulation sur les voies de communication?

R. 1° Voiturier ne s'étant pas rangé à sa droite et n'ayant pas cédé la moitié de la chaussée aux autres voitures. (Art. 9 du règl.)

2° Voiturier ne se conformant pas à l'art. 475 C. P. prescrivant aux conducteurs de toutes voitures de n'occuper qu'un seul côté des rues, chemins ou autres voies publiques.

3° Voitures publiques ou autres traversant une ville ou un lieu habité au galop ou au grand trot. (475. C. P.)

Les voitures publiques ne doivent pas aller au galop sur les routes. (Art. 27 de l'ordonnance du 16 juillet 1828.)

Embarras de la voie publique. — D. Quand a-t-il lieu du fait des voitures?

R. Lorsqu'elles ont été laissées dans une rue ou sur une route non attelées et non éclairées. (471. C. P.)

Messageries publiques. — *Lanternes.* — D. Quelles sont les conditions réglementaires?

R. — La lanterne d'une voiture publique doit être à réflecteur et placée à droite et à l'avant de la voiture. (Art. 28 du règl.)

Chargement — D. Dans quelles conditions le chargement donne-t-il lieu à verbaliser?

R. La hauteur du chargement ne doit pas dépasser *trois mètres* mesurés du sol. (Art. 22 du règl.)

Impériale. — D. Combien de personnes peuvent-elles y prendre place?

R. A moins que la voiture ait un trajet moindre de 20 kilomètres, il ne peut y avoir que trois personnes sur la banquette, y compris le conducteur, s'il ne se place sur le siège du cocher. (Art. 24 du règl.)

Paquets. — Aucun paquet ne doit être placé sur l'impériale. (Art. 24 du règl.)

Bâches. — D. Quelle est la défense qui les concerne?

R. C'est qu'aucun objet ne peut être attaché en dehors de la bâche. (Art. 22 du règl.)

Portières. — D. Que doit-il y avoir à toutes?

R. Des marche-pieds. (Art. 25 du règl.)

Extérieur. — D. Que doit-il s'y trouver?

R. Dans un endroit *apparent*, l'estampille délivrée par l'administration des contributions indirectes et l'indication du nombre de places par
compartiment. (Art. 29 du règl.)

Intérieur. — D. Quelles sont les indications
qui doivent s'y trouver?

R. 1° Chaque place numérotée ; 2° le prix de
chaque place du point de départ au point d'arrivée. (Art. 30 du règl.)

Enrayage. — D. Quels sont les moyens d'enrayage que doit posséder toute voiture publique
servant à transporter des personnes?

R. Une mécanique et un sabot pourvu de sa
chaine. (Art. 27 du règl.)

Plaintes. — D. Où les voyageurs peuvent-ils
les consigner?

R. Sur un registre côté et paraphé par le
maire ; lequel registre doit se trouver à chaque
bureau de départ et d'arrivée. (Art. 39 du règl.)

Constatations des contraventions. — D. La
gendarmerie a-t-elle le droit de faire arrêter les
voitures publiques pour constater les contraventions?

R. L'art. 16 *de la loi* leur donne ce droit, mais
seulement pour les cas ci-après, en vue de la
sécurité des voyageurs :

1° Lorsque les gendarmes s'aperçoivent qu'il
y a excédent dans le nombre de voyageurs à
l'impériale ou dans les compartiments. (Art. 24
du règl.)

2° Lorsque, dans une descente, le conducteur
n'a pas enrayé. (Art. 27 du règl.)

3° Lorsque, la nuit, la lanterne n'est pas allumée (Art. 28 du règl.)

4° Lorsque le conducteur est descendu de son siège sans nécessité. (Art. 34 du règl.)

Dans tous les autres cas, les contraventions ne doivent être relevées qu'aux lieux de départ, d'arrivée ou de relais, ou aux barrières des octrois.

Voitures ne servant pas au transport des personnes. — *Convois.* — D. Quelles sont les règles fixées pour les convois?

R. *Un seul* homme peut conduire *quatre voitures* à quatre roues ou *trois voitures* à deux roues attelées chacune d'un seul cheval ou de deux bêtes de trait, ou *deux voitures*, si l'une d'elles est attelée de plus d'un cheval; celle n'ayant qu'un cheval doit être attachée derrière l'autre. (Art. 13 du règl.)

D. Quelle distance doit-il y avoir entre deux convois?

R. Cinquante mètres. (Art. 13 du règl.)

D. Etablissez la différence entre le droit et la pratique habituelle pour les convois?

R. Une seule charrette marchant isolément à la suite d'un convoi constitue une contravention (Cass., 7 juin 1855.)

Trois voitures à un cheval, ayant chacune leur conducteur, sont susceptibles de moins gêner la circulation que si elles n'étaient dirigées que par un seul homme. Donc on peut former un convoi avec trois voitures à deux roues ou quatre à quatre roues bien qu'appartenant à plusieurs propriétaires.

Chargement. — Quelle est la largeur réglementaire?

R. Sauf pour les voitures d'agriculture se rendant de la ferme aux champs ou au marché, la largeur du chargement ne doit pas excéder 2 m. 50 c. La hauteur n'est pas fixée. (Art. 11 du règl.)

Contrevenants inconnus. — Que doivent faire alors les gendarmes?

R. Les conduire devant le maire de la commune où la contravention a été constatée. Ce fonctionnaire. s'il ne les connaıt, fait consigner l'amende ou encore retient la voiture en fourrière. (Art. 21 de la loi sur le roulage).

Ce moyen est surtout à employer lorsque les contraventions sont constatées avec défaut de plaque.

D. Quels sont encore les cas où les contrevenants doivent être conduits devant le maire ?

R. S'ils ne sont pas domiciliés en France ; s'ils ont fait usage d'une plaque portant un nom ou un domicile faux ; s'ils ont donné un faux nom. (Art. 20 de la loi).

Ponts suspendus. — D. Quelles sont les contraventions les concernant?

R. 1º Voitures au trot; 2º voituriers ou rouliers ne tenant pas les guides ou le cordeau ; 3º rouliers ayant dételé un ou plusieurs de leurs chevaux pour le traverser ; 4º voitures attelées de plus de cinq chevaux s'engageant sur le tablier, alors qu'il s'en trouve déjà une attelée de cinq chevaux. (Art. 8 du règl.)

CHAPITRE VII.

Service de surveillance de la pêche fluviale.

En vertu du décret du 10 août 1875, modifié par ceux des 18 mai 1878, 27 décembre 1889, 1er février 1890 et 9 avril 1892.

Interdictions. — Quelles sont les époques où la pêche fluviale est interdite ?

R. Du 30 septembre exclusivement au 10 janvier inclusivement, pour le saumon ;

Du 20 octobre exclusivement au 31 janvier inclusivement pour l'ombre-chevalier ;

Du 15 novembre exclusivement au 31 décembre inclusivement, pour le lavaret ;

Du lundi qui suit le 15 avril exclusivement au dimanche qui suit le 15 juin inclusivement pour tous les autres poissons et l'écrevisse ; si le lundi qui suit le 15 avril est un jour férié, l'interdiction est retardée de vingt-quatre heures.

D. Existe-t-il un procédé de pêche autorisé en temps prohibé ?

R. Excepté dans les étangs, propriétés particulières, aucun, pas même la ligne flottante tenue à la main. (Art. 1er du décr. du 10 août 1875.)

Transport et vente en temps prohibé. — D. Peut-on transporter et vendre du poisson en temps prohibé ?

R. Oui, à condition de justifier qu'il provient d'étangs ou réservoirs. (Art. 4.)

Heures de pêche. — D. Peut-on pêcher la nuit ?

R. On ne peut pêcher que du lever au coucher du soleil, sauf cependant l'écrevisse, l'anguille et la lamproie aux heures fixées par arrêté préfectoral qui détermine en même temps

la nature et la dimension des engins autorisés.
(Art. 6.)

Séjour des filets dans l'eau. — D. Est-il permis?

R. Oui, sous la condition qu'ils ne pourrout être placés et levés que du lever au coucher du soleil. (Art. 7.)

Dimension des poissons. — D. Quelles sont les dimensions au-dessous desquelles les poissons même pris à la ligne flottante doivent être rejetés à l'eau?

R. 1º Au-dessous de 0,40 c. : saumons et anguilles ; 2º au-dessous de 0,14 c. : truites, ombres-chevaliers, ombres communes, carpes, brochets, barbeaux, brèmes, meuniers, muges, aloses, perches, gardons, tanches, lottes, lamproies, lavarets ; 3º les soles, plies, flets, de 10 centimètres ; 4º au-dessous de 0,08 c., écrevisses à pattes rouges, et de 0.06 c., celles à pattes blanches. (Art. 8.)

Mesure des poissons. — D. Comment se prend-elle?

R. De l'œil à la naissance de la queue pour les poissons. De l'œil à l'extrémité de la queue déployée pour les écrevisses. (Art. 8.)

Dimensions des filets. — D. Quelles sont les dimensions des mailles des filets mesurés de chaque côté après leur séjour dans l'eau et l'espacement des verges, bires, nasses et autres engins, au point de vue réglementaire?

R. 1º 0,040 millim. pour pêcher le saumon; 2º 0,027 millimètres pour les grandes espèces autres que le saumon et pour l'écrevisse; 3º 0,010 millimètres pour les petites espèces telles que goujons, loches, vérons, ablettes. (Cass. 14 mars 1862.) (Art. 9.)

Tolérance. — D. N'y a-t-il pas une tolérance de dimension?

R. Oui, d'un dixième pour la mesure des mailles et l'espacement des verges. (Art. 9.)

Longueur des filets. — D. Quelle est la longueur des filets fixes ou mobiles?

R. Les filets et autres engins ne peuvent dépasser en longueur et en largeur les deux tiers mouillés des cours d'eau dans lesquels on les emploie. (Art. 11.)

Nombre des filets. — D. Peut-on employer simultanément plusieurs filets?

R. Sur la même rive ou sur deux rives opposées, on ne peut déployer plusieurs filets qu'à une distance au moins triple de leur développement (Art. 11.)

Filets et engins prohibés. — D. Quels sont-ils?

R. Tous ceux traînants, à l'exception du petit épervier jeté à la main et manœuvré par un seul homme. Sont également prohibés les lacets et collets. (Art. 13.)

Autres interdictions. — D. Quelles sont les autres interdictions?

R. L'établissement dans les cours d'eau d'appareils ayant pour objet de rassembler le poisson dans des noues, boires, fossés et mares dont il ne pourrait plus sortir ou de le contraindre à passer dans des endroits garnis de pièges. (Art. 14.)

Filets et nasses à demeure. — D. Peut-on mettre partout des paniers, nasses et filets à demeure?

R. Il est interdit d'en accoler aux écluses, barrages, chutes naturelles, vannages, pertuis, coursiers d'usines et échelles à poisson. (Décret du 10 août 1860. Art. 15.)

Pêche dans les écluses. — D. Peut-on pêcher dans l'intérieur d'une écluse, d'un barrage, d'un vannage, etc. ?

R. Seulement à la ligne flottante tenue à la main. (Art. 15.)

Distance. — D. A quelle distance de ces ouvrages peut-on pêcher ?

R. A trente mètres en amont ou en aval. (Art. 15.)

Pêche à la main. — D. Est-elle permise?

R. Non. Il est aussi défendu de troubler l'eau, de fouiller au moyen de perches sous les racines et autres retraites fréquentées par le poisson. (Cass. du 10 août 1860. Art. 14.)

Pêche au fusil. — D. Est-elle autorisée?

R. Non. Est interdite également la pêche au moyen de poudre de mine, de dynamite ou toute autre substance explosible. (Art. 15.)

Appâts. — D. Peut-on appâter avec toute espèce de poissons ?

R. Les préfets déterminent les espèces de poissons avec lesquel il est *défendu* d'appâter les hameçons, nasses, filets et autres engins. (Art. 16.)

Niveau des cours d'eau abaissé. — D. Peut-on pêcher dans un cours d'eau ou dans un canal dont le niveau a été abaissé accidentellement?

R. Non; mais les préfets peuvent autoriser des pêches extraordinaires dans le but de détruire certaines espèces pour en propager d'autres plus précieuses. (Décret du 10 août. (Art. **17** et 18.)

Saisies. — D. La gendarmerie a-t-elle le droit de saisir les filets, engins et poissons à la suite d'un délit de pêche?

R. *Seulement* les filets et engins *prohibés ;* quand ils ont servi à commettre le délit ainsi que le poisson pêché en délit. Elle fait sommation au délinquant de lui en faire la remise, mais elle ne peut ni ne doit l'y *contraindre* s'il s'y refuse. Il en est fait, dans ce cas, mention au procès-verbal, ce qui entraîne une condamnation de 50 francs en plus. (Art. 29 et 39. Loi du 15 avril 1829.

Destination des objets saisis. — D. Que doit-on faire des filets et engins saisis?

R. Les déposer au greffe du tribunal. Ceux qui n'ont pas été livrés, sont décrits minutieusement dans le procès-verbal. (Art. 41 de la loi de 1829.)

Poisson saisi. — Qu'en fait-on?

R. La gendarmerie adresse une requête au maire de la commune où le délit a été commis, qui délivre alors une ordonnance pour qu'il soit déposé au bureau de bienfaisance ou à l'hôpital. Le reçu doit être joint au procès-verbal, qui en fait mention. (Art. 42 de la loi de 1829.)

Fusil. — D. Peut-on saisir une arme à feu avec laquelle on a tiré le poisson?

Non, parce que ce n'est point un engin de pêche.

Recherche des engins. — D. Peut-on pénétrer dans les maisons ou enclos y attenant pour la recherche des engins prohibés?

R. Non. (Art. 40 de la loi du 15 avril 1829.)

D. Quelle est la durée de la prescription en matière de pêche?

R. Un mois si le délinquant est connu, trois s'il ne l'est point. (Art. 62 de la loi de 1829.)

Procès-verbaux. — Les procès-verbaux doivent être visés pour timbre et enregistrés en débet.

Des arrêtés préfectoraux peuvent autoriser l'emploi des filets traînants dans les eaux profondes; les parties en sont désignées. (Décret du 18 mai 1878.)

La trouble ne doit être rangée dans la catégorie des filets prohibés que lorsqu'elle est manœuvrée de manière à la faire traîner, ce qui doit être constaté formellement. (Cour de Besançon, 24 décembre 1872.)

CHAPITRE VIII

Service de surveillance de la chasse.

En vertu de la loi du 3 mai 1844.

Précautions. — D. Quelles sont celles à observer par les gendarmes. ?

R. Surtout de nuit, leurs armes doivent être chargées et il leur faut se diriger de manière à pouvoir se secourir mutuellement avec rapidité.

Gendarme mis en joue. — D. Que doit faire le gendarme mis en joue par un braconnier?

R. Faire feu dessus sans hésitation. (Circ. minist. du 30 nov. 1853.)

D. Mais si la vie du gendarme ne court pas un danger imminent, bien que le braconnier garde une attitude suspecte?

R. Il faut alors lui enjoindre de placer la crosse de son arme en l'air. Puis on marche sur lui, se tenant prêt à le coucher en joue au moindre mouvement.

Bois à cerner. — D. Quelle est une des meilleures méthodes pour cerner le bois?

R. Chaque gendarme étant muni d'un sifflet, il est convenu d'avance que pour se porter : 1° en avant, on lancera quatre coups de sifflet, séparés par un léger intervalle; 2° en arrière, cinq coups; 3° vers la gauche, deux coups; 4° vers la droite, trois coups.

Tout gendarme ayant besoin d'appeler ses camarades à son aide sifflera un seul coup, et plus le son en sera prolongé, et plus vite ou devra se porter de son côté.

En opérant ainsi, les gendarmes sont assurés de ne pas aller à l'aventure.

Principaux délits. — D. Quels sont les principaux délits de chasse à constater?

R. 1° Chasse pendant la nuit; 2° en temps prohibé; 3° sans permis; 4° avec engins prohibés; 5° à l'aide de drogues ou appâts capables de détruire ou enivrer le gibier; 6° en temps de neige; mais seulement si des arrêtés préfectoraux l'ont défendu; 7° vente, achat, transport de gibier en temps prohibé.

Temps de neige. — D. Quelles sont les dispositions à cet égard?

R. La vente, l'exposition et le transport du gibier en temps de neige peuvent avoir lieu, alors même que les préfets ont pris des arrêtés pour défendre la chasse pendant la neige. Il ne faut pas confondre ce cas avec celui où, la chasse n'étant pas ouverte, la vente et le transport du gibier ne peuvent avoir lieu. (Jugement du tribunal de Melun du 16 janvier 1845.)

Lévriers. — D. L'emploi en est-il permis?

R. Il ne peut l'être que par arrêté préfectoral et *seulement* encore pour détruire les animaux malfaisants ou nuisibles. (Art. 9 de la loi.)

Chasse en tout temps. — D. Existe-t-il des conditions où elle peut se faire et même sans permis?

R. Oui, si l'on chasse sur un terrain complètement clôturé, de manière à faire obstacle à toute communication avec les héritages voisins,

et que le terrain soit attenant à une habitation.
(Art. 2 de la loi.)

Droit de verbaliser. — D. Pour qu'un gendarme puisse verbaliser, est-il nécessaire qu'il ait vu tirer ou prendre le gibier ?

R. Non ; il suffit qu'il ait vu le chasseur le recherchant ou le poursuivant, lui ou son chien, ou que des témoins déclarent formellement avoir vu un délinquant en action de chasse en bien précisant les lieux et les circonstances.

Droit de désarmer. — D. Peut-on désarmer un chasseur ?

R. Non, sauf dans les cas suivants : s'il chassait pendant la nuit ; faisait résistance ; ou refusait de se faire connaître, car alors on devrait le mettre en état d'arrestation (329. D. G.), et tout individu arrêté doit être désarmé.

Dans tous les autres cas, la gendarmerie doit se borner à déclarer saisie de l'arme, entre les mains du chasseur en défaut. (329. D. G.)

Chasseur arrêté. — D. Où doit être conduit le chasseur qui s'est placé dans un des cas entraînant arrestation ?

R. Devant le maire de la commune pour constatation d'identité. A moins cependant qu'il ne se soit rendu également coupable de voies de fait ou d'outrages envers la gendarmerie, auquel cas il doit être amené au procureur de la République. (301. D. G.)

Durée du permis. — D. Un permis peut-il servir à tout individu qui en serait porteur ?

R. Non, le permis est personnel. Il est valable pour un an et un jour. (Cass., 22 mars 1850.)

Colportage du gibier. — D. Les gendarmes ont-ils le droit de fouiller les personnes qu'ils soupçonnent de colporter du gibier dans ou sous leurs vêtements?

R. Non, car le gibier ne doit jamais être saisi sur les personnes, même en temps prohibé ; mais ils peuvent saisir celui qui se trouve dans une voiture, sur un cheval ou dans un panier et même dans un colis déposé à la gare ; toutefois, ces sortes de visites ne doivent avoir lieu qu'en cas de soupçons fondés.

Animaux pouvant être détruits. — D. Quels animaux peut-on détruire sans permis et quand?

R. Sur son *terrain* et en tout temps, les animaux déclarés nuisibles par arrêté préfectoral : les pigeons qui commettent des dégâts et les animaux malfaisants qui attaquent le bétail ou la volaille. (Art. 9.)

Gibier saisi. — D. Que doit-on en faire?

R. Le déposer contre récépissé entre les mains du maire de la commune où la saisie a eu lieu. (Art. 4.)

Engins prohibés. — D. Doit-on s'emparer, même par la force, des engins de chasse prohibés?

R. Oui, et les adresser au greffe du tribunal. (328, D. G.)

Saisie de l'arme. — D. Dans quel cas la saisie du fusil du chasseur trouvé en délit est-elle de droit?

R. Quand le chasseur chasse sans être porteur d'un permis, on doit déclarer saisie de l'arme pour être représentée en justice et en donner le signalement dans le procès-verbal.

Les armes abandonnées doivent être saisies effectivement et toutes les fois que les délinquants sont mis en état d'arrestation. (Art. 16.)

Chiens chassant. — D. Est-il permis de faire rechercher le gibier par son chien, soit en temps prohibé, soit si l'on n'a pas de permis?

R. Non, c'est un délit de chasse, alors même que le propriétaire du chien ne serait porteur d'aucune arme. (Cass., 17 fév. 1853 et 6 juillet 1854.)

Chasseurs n'ayant pu être atteints. — D. Est-il nécessaire d'avoir abordé le chasseur en délit pour verbaliser contre lui?

R. Non, il suffit de l'avoir vu. On n'est même pas obligé de le nommer dans le procès-verbal, il suffit de le désigner d'une manière qui ne permette pas de le méconnaitre. (Cass. 1816.)

Nota. — Les armes de guerre qui ont été saisies sont déposées dans les magasins de l'artillerie. (Circ. minist. du 5 mai 1874.)

CHAPITRE IX.

Service du recrutement.

D. Quelle est la durée du service militaire dans l'armée?

R. La durée du service militaire dans l'armée est de : 3 ans dans l'armée active, 10 ans dans la réserve de l'armée active, 6 ans dans l'armée territoriale, 6 ans dans la réserve de l'armée territoriale.

D. Quelles sont les catégories entre lesquelles se répartissent les hommes astreints au service militaire maintenus ou laissés dans leurs foyers?

R. Ces catégories sont : 1° la disponibilité, 2° la réserve, 3° l'armée territoriale, 4° la réserve de l'armée territoriale.

En outre, chacune de ces catégories comprend des hommes se trouvant dans des conditions spéciales et qui sont classés : dans les services auxiliaires, dans la non-disponibilité, dans l'affectation spéciale.

D. Quels hommes font partie de la disponibilité?

R. Les hommes en disponibilité sont ceux qui sont renvoyés en congé en attendant leur passage dans la réserve après avoir accompli au moins une année de service sous les drapeaux.

La disponibilité comprend également les trois plus jeunes classes des hommes classés dans les services auxiliaires.

La gendarmerie a le devoir de signaler au commandant du bureau de recrutement les modifications que les circonstances peuvent apporter dans la situation de famille *des hommes en disponibilité,* ces modifications étant susceptibles de changer leur situation au point de vue militaire.

D. Quels hommes font partie de la réserve?

R. Les réservistes sont les hommes renvoyés ou maintenus dans leurs foyers après avoir accompli soit entièrement sous les drapeaux, soit encore partie sous les drapeaux, partie dans la disponibilité, le temps de service prescrit pour l'armée active; ils restent classés dans cette catégorie jusqu'à l'expiration de leurs treize années de service.

La réserve comprend donc les hommes depuis la quatrième jusqu'à la treizième année de service, c'est-à-dire dix classes.

Elle comprend également dix classes d'hommes appartenant aux services auxiliaires.

D. Quels hommes font partie de l'armée territoriale?

R. L'armée territoriale comprend pendant six ans les hommes qui ont terminé leur service dans la réserve.

Elle comprend, en outre, les réservistes pères de quatre enfants légitimes ou non, lesquels passent immédiatement pour ce motif dans la plus jeune classe de l'armée territoriale.

Les hommes appartenant à la cavalerie ayant contracté un rengagement d'un an passent dans l'armée territoriale et, par suite, dans la réserve de cette armée, trois ans avant la classe à laquelle ils appartiennent.

D. Quels hommes font partie de la réserve de l'armée territoriale ?

R. La réserve de l'armée territoriale comprend les hommes qui ont accompli le temps de service fixé pour l'armée territoriale. Ces hommes restent classés dans cette catégorie jusqu'à l'expiration de leur vingt-cinquième année de service, à moins que cette disposition ne doive avoir pour effet de les y maintenir après la libération définitive de la classe à laquelle ils appartiennent, auquel cas ils sont rayés des contrôles en même temps que les hommes de cette classe.

La réserve de l'armée territoriale comprend donc les hommes depuis leur vingtième jusqu'à leur vingt-cinquième année de service, soit six classes.

D. Qu'entend-on par hommes des services auxiliaires ?

R. Ce sont des hommes qui, impropres au service armé, sont néanmoins classés par le conseil de revision comme susceptibles d'être employés dans des services auxiliaires de l'armée : réquisitions, stations haltes-repas, bureaux, ateliers, établissements, travaux de toute nature, etc.

Ils passent successivement avec leur classe dans la réserve de l'armée active, dans l'armée territoriale et dans sa réserve en conservant leur qualité d'hommes des services auxiliaires, et ne peuvent être affectés à aucun service armé.

D. Qu'entend-on par non-disponibles?

R. Les non-disponibles sont des hommes qui, employés dans les services publics, sont dispensés de leurs obligations militaires en temps de paix et qui, en temps de guerre, restent provisoirement à leur poste en attendant les ordres du Ministre de la guerre. Cette disposition est nécessitée par l'intérêt des administrations, établissements et services publics auxquels ils appartiennent et dont le bon fonctionnement importe à l'Etat.

D. Qu'entend-on par hommes ayant reçu une affectation spéciale?

R. Les hommes inscrits sur les listes de l'affectation spéciale sont des hommes employés dans différents services publics qui sont appelés à constituer, en cas de mobilisation, le personnel de certains services spéciaux dépendant du ministère de la guerre et de la marine, tels que les sections de chemins de fer de campagne les sections de télégraphie militaire, la trésorerie et les postes aux armées, les douanes, les forêts, les établissements de la guerre et de la marine et les bâtiments de la flotte.

D. Les non-disponibles et les hommes ayant reçu l'affectation spéciale sont-ils détenteurs d'un certificat justifiant leur situation?

R. Les non-disponibles et les hommes ayant une affectation spéciale reçoivent un certificat mentionnant leur situation qu'ils sont tenus de présenter à toute réquisition de l'autorité.

Le bénéfice de la non-disponibilité ou de l'affectation spéciale n'est acquis aux intéressés que six mois après leur admission dans les services qui permettent de les classer dans l'une ou l'autre de ces catégories particulières.

D. Qu'entend-on par ajournés?

R. Les ajournés sont des jeunes gens dont le conseil de revision a reporté l'examen à l'année suivante, parce qu'ils n'ont pas la taille réglementaire ou sont reconnus d'une complexion trop faible pour un service armé.

Les ajournés reçoivent un certificat pour justifier de leur situation ; ils sont tenus de présenter ce certificat à toute réquisition de l'autorité militaire, judiciaire ou civile.

D. Livrets individuels. — Qu'est-ce que le livret individuel?

R. Le livret individuel est un livret qui est délivré à tous les hommes assujettis au service militaire soit dans l'armée proprement dite, soit dans les services auxiliaires. Il indique l'état civil de l'homme, son signalement, le titre d'après lequel il est lié au service, le corps de troupe auquel il est affecté, et renferme différents renseignements relatifs à la situation militaire.

Le livret renferme, en outre, un fascicule qui contient des ordres de route, un récépissé de livret et une feuille spéciale aux appels, ou, pour les hommes désignés pour un service spécial, un ordre individuel d'appel.

Tout homme est tenu de conserver son livret individuel jusqu'au moment de la libération définitive du service militaire.

Il est même recommandé de le garder jusqu'à

l'accomplissement total du service légal, afin de pouvoir justifier, le cas échéant, de la libération définitive.

En cas d'appel à l'activité ou de convocation pour des manœuvres, exercices ou revues, la présentation du livret individuel doit avoir lieu dans les vingt-quatre heures de la réquisition.

En tout autre cas, le délai est de huit jours.

D. Quelles sont les prescriptions formulées par l'ordre de route que contient le fascicule?

R. L'ordre de route place dans le fascicule prescrit à l'homme qui est dans ses foyers comme disponible, réserviste, homme de l'armée territoriale ou de la réserve de cette armée, de se mettre en route en cas de mobilisation de sa classe portée à la connaissance des populations par voie d'affiches.

Il fait connaître à l'homme s'il doit voyager par les voies ordinaires ou par les voies ferrées; il lui indique le jour de la mobilisation et l'heure où il devra se présenter, soit à son corps d'affectation, soit au bureau de recrutement, soit enfin à la gare qui lui est assignée au cas où il est admis à voyager en chemin de fer.

Cet ordre tient lieu de feuille de route, et donne droit, en outre, au transport gratuit sur les chemins de fer lorsque l'homme doit faire usage des voies ferrées.

D. Quel est l'usage du récépissé de livret individuel?

R. Le récépissé est une pièce qui est remplie à l'avance par le commandant de recrutement, pour être détachée du livret et laissée entre les mains du titulaire lorsque, pour une raison quelconque, son livret doit lui être repris provisoirement pour être envoyé au commandant de recrutement.

Le récépissé, daté et signé par le commandant de la gendarmerie ou, suivant le cas, par l'employé de la mairie, constate la remise du livret. Il tient lieu alors de pièce d'identité au point de vue militaire, d'ordre de route pour la mobilisation et de feuille spéciale pour les appels du temps de paix.

D. Quelles sont les prescriptions formulées par la feuille spéciale aux appels?

R. La feuille spéciale aux appels, placée dans le fascicule, indique au réserviste ou à l'homme de l'armée territoriale le lieu où il doit se présenter et l'heure à laquelle il doit y arriver, lors des convocations par voie d'affiche des hommes de sa classe pour les exercices du temps de paix.

La feuille spéciale aux appels tient lieu de feuille de route et donne droit au transport par chemin de fer au prix du tarif militaire.

D. Quels sont les hommes dont les livrets individuels ne contiennent ni ordre de route, ni feuille spéciale aux appels?

R. Ce sont les hommes des services auxiliaires; en cas de mobilisation, ces hommes n'ont à répondre à la convocation par voie d'affiches que si leur livret individuel contient un ordre d'appel individuel; ils n'accomplissent, en temps de paix, aucune période d'instruction.

Cet ordre leur indique l'heure et le lieu où ils doivent se présenter en cas de mobilisation ainsi que la façon dont ils doivent voyager.

D. Quels sont les hommes qui ne sont pas détenteurs de leur livret?

R. Ce sont les hommes de la non-disponibilité ayant une affectation spéciale. Les livrets de ces hommes sont conservés par leur administration, ils ont seulement un certificat de non-disponible ou un certificat d'inscription sur les contrôles de l'affectation spéciale.

D. Comment procède la gendarmerie pour la remise des livrets individuels et autres opérations concernant les hommes?

R. Les gendarmes assurent ces opérations pendant leurs tournées journalières dans les communes.

Dans le cas où ils ne trouvent pas les hommes qu'ils ont besoin de voir personnellement, ils leur font donner avis de passer à la brigade.

Si ces individus n'obtempèrent pas à cet avis, le chef de brigade les signale au commandant du bureau de recrutement, qui leur inflige, s'il y a lieu, une punition disciplinaire.

D. Que fait la gendarmerie quand elle constate des ratures et surcharges sur les livrets individuels?

R. Afin d'éviter toute falsification, les ratures et surcharges sur ces documents doivent toujours être visées et timbrées par l'autorité militaire qui les a faites.

Lorsque cette condition n'est pas remplie, la gendarmerie envoie les livrets raturés au bureau de recrutement qui les vise ou les timbre, ou qui fait procéder à une enquête s'il y a lieu.

Il en est de même dans le cas où un chef de brigade aura fait lui-même quelque rature ou surcharge, en visant les livrets pour changement de domicile ou de résidence ou dans toute autre circonstance.

D. Que doit faire la gendarmerie lorsqu'un homme a perdu son livret ?

R. Elle signale immédiatement le fait au bureau de recrutement, qui établit un nouveau livret et le fait parvenir à l'intéressé.

La couverture de ce livret porte la mention « *duplicata* »

Le chef de brigade fait d'ailleurs connaître au commandant de recrutement si la perte du livret est imputable à la faute de l'homme, auquel une punition disciplinaire peut être, dans ce cas, infligée.

D. La gendarmerie possède-t-elle un contrôle des hommes soumis aux obligations militaires ?

R. Oui. La gendarmerie possède un contrôle des hommes soumis aux obligations militaires ; ce contrôle est constitué par des listes nominatives par commune.

Les chefs de brigade de gendarmerie reçoivent tous les ans du commandant du bureau de recrutement, pour chacune des communes de leur ressort, une liste nominative des hommes de la classe de mobilisation portant le millésime de l'année précédente, qui sont domiciliés dans la commune. Cette liste est appelée à recevoir l'inscription des positions successives de chaque homme au point de vue de la loi de recrutement.

Les vingt-cinq listes correspondant aux vingt-cinq classes soumises aux obligations militaires sont réunies dans une chemise pour chaque commune.

Une vingt-sixième liste est destinée à recevoir les noms des hommes de toutes classes étrangères à la commune et qui y ont établi leur résidence.

Il y a donc dans chaque brigade autant de chemises renfermant vingt-six listes que cette brigade comprend de communes.

D. Les hommes soumis aux obligations militaires sont-ils tenus à certaines déclarations lorsqu'ils se déplacent ?

R. La loi spécifie que tout homme soumis aux obligations militaires est astreint :

1º S'il se déplace pour changer de domicile ou de résidence, à faire viser, dans le délai d'un mois, son livret individuel par la gendarmerie dont relève la localité où il transporte son domicile ou sa résidence, s'il change d'adresse dans la même ville, à faire viser son livret par la gendarmerie, le changement d'adresse dans la même ville constituant aussi bien un changement de domicile que le déplacement d'une ville dans une autre ;

2º S'il se déplace pour voyager pendant plus d'un mois, à faire viser son livret avant son départ par la gendarmerie de sa résidence habituelle ;

3° S'il va se fixer en pays étranger, à faire de même viser son livret avant son départ et à prévenir, en outre, à son arrivée, l'agent consulaire de France.

S'il rentre en France, il se conforme aux prescriptions du premier paragraphe.

Les ajournés n'ont à faire aucune déclaration lorsqu'ils se déplacent.

D. Quelle différence existe-t-il entre le changement de domicile et le changement de résidence ?

R. On doit entendre par changement de domicile l'abandon du lieu que l'on habite, sans esprit de retour, tandis que le changement de résidence n'est qu'une absence plus ou moins prolongée du domicile, qui reste le même.

D. Que doit faire un commandant de brigade de gendarmerie lorsqu'il reçoit la déclaration de changement de domicile d'un homme soumis aux obligations militaires ?

R. Lorsqu'un homme soumis aux obligations militaires se présente à la gendarmerie pour faire une déclaration de changement de domicile, le commandant de la brigade de gendarmerie doit :

1° S'assurer que le déclarant connaît la différence existant entre un changement de domicile et un changement de résidence, et que c'est bien définitivement qu'il a l'intention d'abandonner son ancien domicile ;

2° Dater et signer le récépissé du livret individuel qui est remis à l'intéressé en échange de son livret qui lui est retiré ;

3° Inscrire le changement de domicile dans une des cases réservées à cet effet, page 32 du livret ;

4° Inscrire la déclaration de changement de

domicile sur le carnet à souche des déclarations (modèle 23 de l'instruction du 28 décembre 1879), et envoyer au commandant du bureau de recrutement le bulletin mobile détaché du carnet à souche, avec le livret individuel de l'homme ;

5° Inscrire l'homme sur la liste nominative de sa classe et de la commune où il a établi son domicile lorsque le commandant du bureau de recrutement lui en aura donné avis.

D. Que doit faire un commandant de brigade de gendarmerie lorsqu'il reçoit la déclaration de changement de résidence d'un homme soumis aux obligations militaires?

R. Lorsqu'un homme soumis aux obligations militaires se présente à la gendarmerie pour faire une déclaration de changement de résidence, le commandant de la brigade de gendarmerie doit :

1° S'assurer que le déclarant connait la différence existant entre un changement de résidence et un changement de domicile, et que ce n'est que temporairement qu'il a l'intention d'abandonner son domicile;

2° Remplir le récépissé de la déclaration de changement de résidence (page 32) du livret individuel ; ce livret sera laissé entre les mains de l'intéressé ;

3° Inscrire le changement de résidence sur le carnet à souche des déclarations (modèle 23 de l'instruction du 28 décembre 1879), et envoyer au commandant de recrutement le bulletin mobile détaché du carnet à souche ;

4° Inscrire le déclarant sur la liste nominative des étrangers en résidence dans la commune.

D. Que doit faire un commandant de gendarmerie lorsqu'il reçoit la déclaration d'un homme qui se déplace pour voyager pendant plus d'un mois?

R. Lorsqu'un homme, soumis aux obligations militaires se présente à la gendarmerie pour déclarer qu'il va voyager pendant plus d'un mois, le commandant de la brigade doit :

1° Remplir le récépissé de déclaration (page 33) du livret individuel; le livret sera laissé entre les mains de l'homme;

2° Inscrire la déclaration du déplacement par suite de voyage sur le carnet à souche (modèle 23 de l'instruction du 28 décembre 1879), et envoyer au commandant le bulletin mobile détaché du carnet à souche;

3° Inscrire la déclaration au crayon sur la liste nominative.

D. Comment les brigades de gendarmerie sont-elles averties des changements de domicile et des changements de résidence des hommes quittant la circonscription de la brigade?

R. Les brigades de gendarmerie sont prévenues des changements de domicile et des changements de résidence des hommes quittant la circonscription de la brigade par des carnets de mutations adressés par le commandant de recrutement. Au reçu de ces carnets, le commandant de la brigade de gendarmerie indique les mutations sur les listes nominatives.

D. Les hommes renvoyés dans leurs foyers sont-ils admis à faire des déclarations de chan-

gement de domicile pendant les six premiers
mois qui suivent leur renvoi ?

R. Il est admis en principe que les hommes
renvoyés dans leurs foyers à l'expiration de leur
service sous les drapeaux conservent pendant
les six premiers mois, nonobstant les différents
changements de domicile qu'ils peuvent effec-
tuer, l'affectation qui leur est donnée au moment où ils quittent les drapeaux. La gendarmerie doit rappeler cette disposition à ceux
d'entre eux qui voudraient faire une déclaration
de changement de domicile, et les prévenir que,
dans le cas de mobilisation, ils sont tenus,
pendant le laps de temps précité, de rejoindre la
destination indiquée sur leur ordre de route.

A l'expiration des six mois, elle retire le livret
individuel aux hommes qui ont changé de domicile et le transmet au bureau de recrutement,
en lui faisant connaître si ces hommes ont effectivement l'intention de fixer leur domicile dans
son ressort. Le bureau de recrutement effectue,
s'il y a lieu, un changement d'affectation.

D. Que doit faire la gendarmerie lorsqu'elle
constate qu'un changement de résidence semble
prendre le caractère d'un changement de domicile ?

R. Quand un changement de résidence semble
prendre le caractère d'un changement de domicile soit par sa durée prolongée, soit par les
conditions spéciales de l'installation et des occu-
pations de l'intéressé, la gendarmerie, tant du
lieu de résidence que du domicile, le signale au
bureau de recrutement de la subdivision. Il peut

en résulter un changement d'affectation pour le résident.

En principe, la gendarmerie doit appeler l'attention du commandant du bureau de recrutement sur tout changement de résidence dont la durée dépasse un an et demi.

D. Les officiers et assimilés de la réserve et de l'armée territoriale sont-ils tenus à faire des déclarations de changement de domicile, de résidence, de déplacement pour voyager?

R. Les officiers et assimilés de la réserve et de l'armée territoriale sont obligés aux mêmes déclarations que les hommes en ce qui concerne les changements de domicile ou de résidence et les déplacements pour voyager Leurs déclarations peuvent être faites verbalement ou par écrit; elles doivent indiquer la classe à laquelle appartient l'officier, la subdivision et son canton d'origine, ainsi que son numéro de tirage.

Le chef de brigade délivre à l'officier un récépissé de déclaration extrait du carnet à souche réservé spécialement à cet effet (modèle 22 de l'instruction du 28 décembre 1879); il adresse en même temps au commandant de recrutement la notification de la déclaration détachée du même carnet

D. Les ajournés sont-ils tenus à faire des déclarations de changement de domicile et de résidence, de déplacement pour voyager?

R. Non. Les ajournés n'ont à faire aucune déclaration à cet égard.

D. Les dispositions qui précèdent sont-elles

applicables aux hommes venant s'établir dans le gouvernement de Paris?

R. Non. Les hommes qui, n'ayant pas tiré au sort dans les départements de la Seine et de Seine-et-Oise, viennent s'y établir en quittant leur corps, ou ultérieurement, doivent déposer immédiatement leur livret à la gendarmerie. Ils sont alors l'objet d'une enquête particulière, à la suite de laquelle le gouverneur de Paris décide s'il y a lieu de changer leur affectation.

D. Les hommes astreints au service militaire doivent-ils être dans leurs foyers l'objet d'une certaine surveillance?

R. Oui. Ces hommes pouvant, à un moment donné, être appelés à faire partie de forces organisées du pays, il importe que l'autorité militaire soit renseignée, particulièrement à l'égard des gradés, sur les faits graves et répréhensibles dont ils se rendraient coupables.

Ces faits (condamnations subies, incitations au désordre, ivrognerie, immoralité, professions deshonorantes, etc.) seront signalés par la gendarmerie dans des rapports spéciaux et confidentiels transmis par la voie hiérarchique. Mais il sera toujours procédé à ce sujet avec la plus grande prudence, de manière à n'éveiller ni inquiétude, ni mécontement dans les populations.

D. Les hommes des différentes catégories de réserve sont-ils justiciables soit des tribunaux militaires, soit des tribunaux civils, pour des faits concernant l'intérêt militaire?

R. Oui. La loi du 15 juillet 1889 les place sous

la juridiction militaire, dans le cas où ils sont appelés sous les drapeaux et même dans le cas où, se trouvant dans leurs foyers, ils commettent certains crimes ou délits d'une gravité exceptionnelle au point de vue militaire (1).

La loi précitée les soumet également à la juridiction des tribunaux civils pour des infractions prévues par la loi du 15 juillet 1889 et telles que l'omission des déclarations de changement de domicile ou de résidence, le retard non justifié en cas d'appels annuels ou de revues, etc.

D. Les hommes peuvent-ils être punis disciplinairement par l'autorité militaire?

R. Oui, conformément aux règlements en vigueur (2), des punitions disciplinaires peuvent leur être appliquées dans les cas visés au dernier alinéa du paragraphe précédent, et sont subies dans une prison civile ou dans les salles de discipline d'un corps de troupe désigné par l'autorité militaire.

Le bulletin remis par la gendarmerie aux hommes punis leur permet de voyager à prix réduit en chemin de fer pour se rendre aux lieux où ils doivent subir leurs punitions. Dans le cas où ils ne s'y présentent pas librement

---

(1) Trahison, espionnage, embauchage, violation de consigne, violences envers une sentinelle, voies de fait et outrages envers un supérieur pouvant être considérés comme vengeance contre un acte d'autorité militaire, rébellion en uniforme, etc.

(2) Décret du 16 mars 1878.

dans le délai prescrit, ils y sont conduits sous escorte.

D. Les hommes astreints au service militaire doivent-ils être surveillés au point de vue de leur état de santé ?

R. Oui. Il importe à la bonne constitution des corps de troupe et à l'intérêt du Trésor de ne pas comprendre dans les appels, en temps de paix ou en cas de mobilisation, les hommes incapables de faire un bon service et qu'on serait dans la nécessité de renvoyer dans leurs foyers, après avoir fait pour eux des dépenses inutiles.

La gendarmerie doit donc recevoir et même provoquer les demandes des hommes susceptibles d'être convoqués devant la commission spéciale de réforme qui siège au chef-lieu de la subdivision.

En tout temps, les gendarmes doivent se renseigner, dans leurs tournées, sur l'état de santé des hommes qui leur semblent douteux à cet égard. Ils les engagent à faire une demande de réforme et les signalent, s'il y a lieu, au bureau de recrutement.

La période qui précède les appels annuels est particulièrement indiquée pour ces investigations, et la gendarmerie prévient les intéressés que, si leur demande n'est pas faite en temps utile, ils se mettent dans le cas de la voir refusée et d'être, soit appelés à des périodes d'exercice, soit même mobilisés le cas échéant, malgré leurs maladies et leurs infirmités.

« Les chefs de brigade transmettent les demandes des hommes au bureau de recrutement, en les appuyant d'un bulletin d'appréciation (modèle n° 44 de l'instruction refondue du 28 décembre 1879) et d'un certificat délivré autant que possible par un médecin militaire. Si ce certificat émane d'un médecin civil, il doit être visé par le maire de la commune, et le chef de brigade le transmet avec le bulletin d'appréciation. »

Les militaires en congé, comme les hommes renvoyés dans leurs foyers, sont admis à déposer des demandes de réforme. Le chef de brigade mentionne sur ces documents le millésime de la classe, le numéro matricule de recrutement et le corps d'affectation.

Les hommes appelés devant la commission de réforme reçoivent un bulletin de convocation établi par le bureau de recrutement, lequel leur donne droit au voyage à prix réduit en chemin de fer et peut leur tenir lieu de feuille de route pour le retour dans leurs foyers.

D. Les réservistes et les territoriaux sont-ils assujettis à accomplir des périodes d'exercice ?

R. Oui. Les hommes de la réserve de l'armée active sont assujettis, pendant leur temps de service dans ladite réserve, à prendre part à deux manœuvres, chacune d'une durée de quatre semaines, à l'exception de ceux ayant accompli sept années de services au moins dans l'armée active. (Décision ministérielle du 1er mars 1895.)

Les hommes de l'armée territoriale sont assujettis à une période d'exercices dont la durée sera de deux semaines.

D. Comment les réservistes et territoriaux sont-ils convoqués pour accomplir leurs périodes d'instruction ?

R. Les réservistes et les territoriaux sont convoqués pour accomplir leurs périodes d'instruction par des affiches placardées dans les communes, qui indiquent :

Les dates des appels ;

Les classes de mobilisation et les corps ou fractions de corps auxquels appartiennent les hommes qui ont à répondre à la convocation.

Les réservistes et territoriaux peuvent également être convoqués par des ordres d'appel individuels ; cette mesure est appliquée particulièrement aux réservistes de la cavalerie et aux réservistes et territoriaux des escadrons du train des équipages et des sections d'administration et d'infirmiers.

D. Comment les réservistes et territoriaux sont-ils avisés du lieu où ils doivent se présenter pour accomplir leurs périodes d'exercices ?

R. Cette indication leur est donnée par la feuille spéciale aux appels (article 17).

Lorsque l'homme a dû remettre son livret, il trouve alors les indications dont il a besoin sur le récépissé du livret individuel qui lui a été délivré en échange.

D. Les réservistes et territoriaux doivent-ils se présenter avec des effets militaires lors des convocations ?

R. Les réservistes et territoriaux convoqués pour une période d'instruction sont tenus de représenter les effets d'habillement qui leur ont été laissés lors de leur départ du corps pour se rendre dans leurs foyers ; ils doivent conserver

ces effets jusqu'à l'époque de leur libération
définitive.

D. Qu'entend-on par « dispense » ?

R. La dispense est l'autorisation à un homme
de ne pas prendre part à un appel annuel. Elle
n'est exclusivement valable que pour ce seul
appel, et n'est accordée que dans des cas tout à
fait exceptionnels et à titre de soutien de famille.

D. Combien de jours avant la convocation doivent être déposées les demandes de dispense (1)?

R. Les demandes de dispense doivent être
déposées par les intéressés vingt jours au moins

---

(1) Les demandes de dispense à titre de soutien
de famille sont remises au maire de la commune
du domicile, qui en donne le récépissé. Elles sont
accompagnées : 1º d'un relevé des contributions
payées par la famille, certifié par le percepteur.
Ce relevé indique, non seulement les contributions
payées par les ascendants, mais encore celles
payées par le postulant et par sa femme, s'il est
marié ; 2º d'un avis motivé de trois pères de
famille résidant dans la commune et ayant un fils
sous les drapeaux, ou, à d faut, dans la réserve
de l'armée active et jouissant de leurs droits civils
et politiques. Cet avis est consigné sur un certificat dit nº 5 *bis*.

« Lorsque, à défaut de pères de famille ayant
un fils sous les drapeaux, on a recours au témoi-
gnage de pères de famille ayant un fils dans la
réserve de l'armée active, ils doivent, autant que
possible, être père de fils appartenant aux classes
convoquées dans le courant de l'année.

« Si l'homme a changé de résidence, il remet ou

avant la date de convocation entre les mains du maire de la commune de leur domicile qui leur en donne récépissé. Les demandes doivent être accompagnées d'un certificat n° 5 *bis* signé par trois pères de famille domiciliés dans la commune et d'un relevé des contributions payées par les ascendants des postulants, par les postulants eux-mêmes et par leurs femmes, s'ils sont mariés. Ce relevé doit être certifié exact, nominativement pour chaque contribuable, par le percepteur.

---

envoie sa demande au maire de la commune du domicile.

« Le maire soumet les demandes au conseil municipal, qui émet un avis motivé.

» Le maire dresse ensuite une liste de tous les hommes ayant demandé une dispense, y porte l'avis motivé du conseil municipal et l'envoie, au plus tard quinze jours avant la date fixée pour la convocation, avec les dossiers des demandes de dispense des intéressés, au général commandant la subdivision, qui statue.

» Les demandes de dispenses, en ce qui concerne les réservistes de l'armée de mer, sont remises par les intéressés au maire de la commune du domicile, appuyées : 1° d'un relevé des contributions payées par la famille, certifié par le percepteur ; 2° d'un certificat modèle n° 5 *bis* (modèle n° 43).

» Après avoir soumis les demandes au conseil municipal, le maire en envoie les listes annotées et appuyées des dossiers des demandes de dispense des intéressés au général commandant la subdivision quinze jours au plus tard avant la date de la convocation. »

D. A qui le maire transmet-il les demandes de dispense ?

R. Le maire dresse une liste de tous les hommes ayant demandé une dispense, y porte l'avis motivé du conseil municipal et l'envoie au plus tard quinze jours avant la convocation, avec les dossiers, au général commandant la subdivision qui statue.

Cet officier général se fait adresser sur chaque homme par le commandant de la brigade de gendarmerie du domicile ou de la résidence, suivant le cas, quelques renseignements au moyen du bulletin d'appréciation n° 44. (Instruction du 28 décembre 1879)

D. Comment les hommes ayant fait une demande de dispense sont-ils avisés que leur demande est accordée?

R. Les hommes qui obtiennent la dispense en sont avisés par le commandant de recrutement au moyen d'une note de service communiquée par l'intermédiaire de la gendarmerie et retournée au bureau de recrutement après signature des intéressés.

D. Qu'entend-on par ajournement?

R. L'ajournement est l'autorisation de retarder l'accomplissement de la période d'instruction soit d'une série à l'autre de l'appel annuel, soit d'une année à l'autre.

D. Qu'entend-on par devancement d'appel?

R. Le devancement d'appel est l'accomplissement d'une période d'instruction en anticipant d'une série à l'autre de l'appel annuel ou d'une année à l'autre.

D. Combien de jours avant la convocation doivent être déposées les demandes d'ajournement et de devancement d'appel?

R. Les demandes d'ajournement et de devancement d'appel doivent être déposées à la brigade de gendarmerie jusqu'au moment du départ; les circonstances qui motivent ces demandes pouvant se produire tant que l'homme n'est pas mis en route. Toutefois, il importe que ces demandes soient autant que possible déposées quinze jours avant la date de convocation

Les demandes de devancement d'appel doivent de même être déposées en principe quinze jours au moins avant la date du commencement de la période d'exercice pour laquelle l'intéressé demande à être appelé. Néanmoins, dans des cas particuliers, ces demandes pourront encore être produites deux jours seulement avant le commencement de cette période.

D. A qui les commandants de gendarmerie transmettent-ils les demandes d'ajournement ou de devancement d'appel?

R. Les demandes d'ajournement ou de devancement d'appel sont toujours adressées par la gendarmerie au bureau de recrutement de la résidence des hommes. Le chef de brigade y joint son appréciation personnelle (1). (Bulletin n° 44 de l'instruction du 28 décembre 1879.)

(1) Il en est de même pour les demandes d'autorisation d'accomplir dans un autre corps une période d'instruction.

D. Comment les hommes ayant fait une demande d'ajournement ou de devancement d'appel sont-ils avisés que leur demande est accordée?

R. Les intéressés dont les demandes sont accueillies en sont avisés dans la forme indiquée précédemment pour les dispensés.

D. Quand un réserviste se trouvant dans sa dernière année de service obtient un ajournement qui l'ajourne au delà de l'époque de son passage dans l'armée territoriale, doit-il néanmoins accomplir l'année suivante une période d'instruction comme réserviste?

R. Oui. Si un réserviste se trouvant dans sa dernière année de réserve obtient un ajournement qui l'ajourne au delà de l'époque de son passage dans l'armée territoriale, il est convoqué l'année suivante à une réunion de la réserve. Il convient de l'en prévenir. Cette disposition, applicable aux manquants et aux retardataires, ne l'est pas aux hommes ajournés dans ces conditions pour cause de maladie; mais au moment de leur passage dans l'armée territoriale, ces hommes sont visités par un médecin militaire si le général commandant la subdivision le juge utile, pour apprécier s'il y a lieu de les rappeler de leur période d'exercice.

D. Comment se recrute l'armée de mer?

R. L'armée de mer se recrute :

1º Au moyen des inscrits maritimes;

2º Au moyen d'engagés volontaires et d'hommes du contingent dont les obligations militaires sont identiques à celles des hommes de l'armée de terre.

D. Qu'est-ce que l'inscription maritime?

R. L'inscription maritime est une institution de recrutement qui oblige à servir dans l'armée navale, suivant des conditions particulières, tous les citoyens qui exercent la navigation maritime à titre de profession.

D. Les inscrits maritimes sont-ils administrés par les commandants des bureaux de recrutement?

R. Non. Les inscrits maritimes sont administrés par les commissaires de l'inscription maritime.

Dans le cas où la gendarmerie ne serait pas en mesure de répondre à une demande de renseignements qui lui aurait été adressée par un inscrit maritime, elle devra en référer au commissaire de l'inscription maritime du quartier auquel appartient l'intéressé.

D. Quelles sont les règles relatives aux déplacements et absences des inscrits maritimes?

R. Tout inscrit définitif, âgé de 20 à 45 ans, qui quitte la circonscription d'un quartier pour se fixer dans l'intérieur du territoire de la France et de l'Algérie, est tenu de se présenter, dans les deux mois qui suivent son départ, au commandant de la brigade de gendarmerie du lieu où il s'est fixé. Le commandant de cette brigade en informe le commissaire de l'inscription maritime du quartier d'où provient le marin au moyen d'un avis individuel de déplacement ou d'absence extrait d'un carnet à souche.

L'inscrit qui se déplace dans l'intérieur du territoire, doit préalablement aviser de son départ le commandant de la brigade de gendarmerie du lieu qu'il quitte si son absence doit être de plus de huit jours ; il est tenu ensuite de se présenter, dans les deux mois qui suivent son départ, au commandant de la brigade de gendarmerie du nouveau lieu où il s'est fixé.

Le commandant de cette brigade en informe le commissaire de l'inscription maritime du quartier d'où provient le marin, au moyen d'un avis individuel de déplacement ou d'absence, extrait d'un carnet à souche.

L'inscrit qui se déplace dans l'intérieur du territoire doit préalablement aviser de son départ le commandant de la brigade de gendarmerie du lieu qu'il quitte, si son absence doit être de plus de huit jours ; il est tenu ensuite de se présenter, dans les deux mois qui suivent son départ, au commandant de la brigade de gendarmerie du nouveau lieu où il s'est fixé.

Les commandants de brigade de gendarmerie constatent que l'inscrit s'est soumis aux obligations qui lui sont imposées, en apposant leur signature sur un feuillet spécial du fascicule de mobilisation dont doit être porteur tout inscrit venant faire une déclaration.

Ils préviennent le commissaire du quartier du marin de tous les déplacements successifs dont ils ont connaissance, et signalent également à cet officier les inscrits qui n'auront pas rempli les formalités auxquelles ils sont astreints.

D. Quels sont les devoirs de la gendarmerie en ce qui concerne la mise en route des inscrits maritimes en cas de rappel ou de mobilisation?

R. Les commandants de brigade de gendarmerie sont chargés d'assurer la mise en route des inscrits rappelés ou mobilisés qui sont fixés à l'intérieur du territoire.

Ils reçoivent, à cet effet, sous bordereau spécial adressé par les commissaires de l'inscription maritime :

1° Les ordres individuels de route qu'ils font notifier au domicile des intéressés ;

2° Les bons de chemin de fer nécessaires aux inscrits pour rejoindre, en France, le port militaire le plus voisin de leur lieu de résidence, et, en Algérie, le point de ralliement qui est désigné sur leur ordre de route et d'où ils doivent être dirigés sur la France.

Ils inscrivent sur le talon de l'ordre de route la date de la remise de l'ordre à l'intéressé, et adressent directement ce talon : en France, au président du conseil d'administration de la division des équipages de la flotte du port militaire sur lequel est dirigé l'inscrit ; en Algérie, au commissaire de l'inscription maritime du port de ralliement d'où l'inscrit doit être dirigé sur la France.

Enfin, ils accusent réception du bordereau d'envoi, en renvoyant au commissaire de l'inscription maritime, après l'avoir complétée, la colonne de droite de ce bordereau.

D. Quelle est la durée du service dans l'armée

de mer pour les engagés volontaires et les hommes du contingent ?

R. Cette durée est de :

Trois ans sous les drapeaux ;
Sept ans dans la réserve (1).

A l'expiration des dix années de service, les hommes sont versés dans l'armée territoriale (1) dans les mêmes conditions que les hommes de l'armée de terre.

D. En combien de catégories sont répartis les hommes appartenant à l'armée de mer qui se trouvent dans leurs foyers (à l'exception des inscrits maritimes) ?

R. En deux catégories, savoir :

1º Celle des hommes en congé en attendant leur passage dans la réserve ;
2º Celle des réservistes (1).

---

(1) Les marins des équipages de la flotte domiciliés sur le territoire des 6ᵉ et 7ᵉ corps d'armée (non compris le bureau de recrutement de Lyon, mais y compris celui de Villefranche) sont, dès leur congédiement, affectés à l'armée de terre.

Les réservistes des équipages de la flotte, domiciliés sur le territoire des autres régions de corps d'armée (y compris les gouvernements militaires de Paris et Lyon), demeurent affectés à l'armée de mer jusqu'à leur septième année de réserve. Ils sont ensuite versés dans l'armée de terre pour y accomplir leurs trois dernières années de réserve, ainsi que leur service dans l'armée territoriale et la réserve de cette armée. (Circ. du Ministre de la marine pour l'application de la loi du 19 juillet 1892.)

La catégorie des hommes en congé en attendant leur passage dans la réserve correspond à
la catégorie des hommes en disponibilité pour
l'armée de terre.

D. Les hommes en congé en attendant leur
passage dans la réserve et les réservistes de
l'armée de mer possèdent-ils un livret individuel ?

R. Oui. Ces hommes possèdent un livret individuel avec un ordre de route qui les convoque
au bureau de recrutement de leur domicile.

D. Le livret individuel des hommes envoyés
en congé en attendant leur passage dans la
réserve et des réservistes de l'armée de mer
contient-il une feuille spéciale aux appels ?

R. Oui, le livret individuel des hommes en
congé en attendant leur passage dans la réserve
et des réservistes de l'armée de mer contient
une feuille spéciale aux appels, qui leur prescrit
de rejoindre le bureau de recrutement de leur
domicile lors des convocations du temps de paix.

D. Comment les hommes de l'armée de mer
sont-ils convoqués pour les périodes d'instruction ?

R. Ils le sont, soit au moyen des affiches générales relatives aux appels annuels des réservistes de l'armée de terre, soit au moyen d'affiches spéciales qui désignent les classes et les
catégories des hommes appelés.

D. L'armée de mer a-t-elle des officiers de
réserve ?

R. Oui. Ces officiers sont astreints, comme ceux de l'armée de terre, aux déclarations de changement de domicile ou de résidence et de déplacement pour voyager. Le chef de brigade de gendarmerie leur en délivre récépissé dans la forme réglementaire.

D. Est-il publié en temps de paix un document qui instruise les hommes de leur situation et de leurs obligations en cas de mobilisation ?

R. Oui. Il est publié, le 1ᵉʳ novembre de chaque année, un tableau de répartition des classes astreintes au service militaire, entre l'armée active, l'armée territoriale et les réserves de ces armées.

D. Quels sont les devoirs de la gendarmerie à l'égard de ce tableau ?

R. Les gendarmes, au cours de leurs tournées dans les communes, ont le devoir de s'assurer de l'existence et du bon état de ce document, qui doit être placé dans un cadre grillagé par les soins des maires, en exécution des ordres du Ministre de l'intérieur, et être affiché de manière que le public puisse en prendre facilement connaissance.

A cet effet, le chef de brigade invite, au nom de l'autorité militaire, les maires à faire placer le cadre grillagé qui le renferme en dehors de la mairie, toutes les fois que le temps est beau, notamment les dimanches et les jours fériés ou de marché.

Le chef de brigade signale au bureau de recrutement les tableaux perdus, détériorés ou non affichés pour un motif quelconque.

CHAPITRE X

Service de mobilisation

D. Qu'entend-on par mobilisation de l'armée?

R. La mobilisation est l'ensemble des opérations ayant pour but de pourvoir les différents services et corps de troupe du personnel, des animaux et du matériel de complément dont ils ont besoin pour passer du pied de paix au pied de guerre.

D. Comment doit se faire l'appel des hommes et des animaux?

R. Cet appel doit se faire :

1º Pour les officiers, fonctionnaires et agents assimilés, au moyen d'ordres de service ou de titres analogues dont les intéressés sont constamment détenteurs;

2º Pour les hommes de troupe, au moyen d'affiches dont les indications générales sont complétées par celles des livrets individuels et, dans certains cas particuliers, au moyen d'ordres individuels d'appel placés dans les livrets;

3º Pour les animaux et les voitures attelées, au moyen d'affiches spéciales de réquisition, et, dans certaines circonstances prévues, au moyen d'ordres de réquisition individuels.

D. L'autorité militaire peut-elle, pendant la guerre, prendre possession de tous les effets,

denrées, moyens de transport, établissements,
locaux, etc., utiles à l'armée?

R. Oui : elle en a le droit, d'après la loi du
3 juillet 1877 sur les réquisitions, à partir du
moment où la mobilisation générale est déclarée,
ou lorsque le Ministre de la guerre a pris un
arrêté à ce sujet. Toutes les prestations nécessaires à l'armée pour suppléer à l'insuffisance des
moyens ordinaires sont alors à la disposition de
l'autorité militaire, sauf certaines restrictions, et
sont requises dans les formes prescrites soit par
ladite loi, soit par le règlement du 2 août 1877.

Ordre de mobilisation. — D. Comment cet
ordre parvient-il aux brigades?

R. Par le télégraphe, pour celles placées sur le
réseau; par le soin des brigades voisines désignées d'avance à cet effet, pour celles qui n'ont
pas de station télégraphique.

Premier jour de mobilisation. — D. Que doit
faire le chef de la brigade dès qu'il reçoit l'ordre
de mobilisation?

R. Il doit en accuser immédiatement et directement réception par la poste au commandant
du corps d'armée, en reproduisant le texte
même de l'ordre de mobilisation, et en indiquant
l'heure exacte à laquelle il l'a reçu, conformément au modéle C, annexé à l'instruction confidentielle du 20 avril 1891.

Premières opérations. — D. Cela fait, quelles
mesures prend le chef de la brigade ?

R. Il prend les mesures suivantes par ordre d'urgence :

1° Dans les brigades à cheval, faire seller les chevaux ; 2° faire requérir, s'il y a lieu, les estafettes civiles chargées de porter l'ordre de mobilisation à d'autres brigades ; 3° faire réquisitionner par les gendarmes ayant les plus courts trajets à parcourir, et faire amener immédiatement à la brigade les moyens de transport nécessaires pour les gendarmes et, s'il y a lieu, pour les estafettes civiles ; 4° si l'on emploie des estafettes civiles, les faire partir le plus tôt possible et les prévenir qu'elles doivent rapporter un reçu des chefs des brigades auxquels l'ordre de mobilisation est destiné, reçu mentionnant l'heure exacte de la remise de cet ordre.

Répartition des paquets. — 5° Répartir les paquets destinés aux communes entre les gendarmes chargés de les transporter. A cet effet, afin d'opérer avec précision et méthode, retirer du coffre de mobilisation les pièces suivantes :

1° Tableau itinéraire (mod. A) et l'ouvrir à la page correspondante à l'effectif des gendarmes présents. Répartir les paquets d'affiches en autant de tas qu'il y a de gendarmes disponibles ; se servant du tableau itinéraire pour donner à chacun les communes à parcourir.

Collationnement. — 2° le bordereau (mod. B) des pièces et paquets à faire remettre dans chaque commune, et les collationner en les faisant appeler successivement par chacun des gendarmes chargés de leur remise, tandis que le chef de brigade les pointe au bordereau. Toute erreur ou tout oubli devient alors à peu près impossible.

Commencer la remise par les gendarmes qui doivent porter l'ordre de mobilisation à d'autres brigades, et continuer par ceux qui ont les plus longs trajets à parcourir.

Inscriptions. — 6° Au fur et à mesure de la remise des paquets aux gendarmes, faire inscrire par chacun d'eux le nom et la date, *en toutes lettres*, du premier jour de la mobilisation sur l'étiquette de chaque paquet d'affiches.

S'assurer de l'exactitude de toutes les écritures faites par les gendarmes sur les paquets. Rectifier à l'encre, s'il y a lieu, les formules de récépissés destinés aux communes. Remettre aux gendarmes les deux affiches de mobilisation destinées à chacune des gares comprises dans leur itinéraire, après avoir complété ces pièces par l'indication du nom et de la date du premier jour de mobilisation (un blanc est réservé à cet effet à la partie supérieure des affiches).

Lettres d'avis. — 7° Remettre de même s'il y a lieu, les lettres d'avis établies pour les membres civils titulaires ou suppléants des commissions de réquisition aux gendarmes qui doivent passer par les communes où ces membres resident. Les prévenir, s'ils emportent en même temps des lettres d'avis pour les membres titulaires et pour les membres suppléants, de ne remettre les secondes à destination que dans le cas où les premières ne pourraient être utilisées.

Après le départ de tous les gendarmes, le chef de brigade se met lui-même en route avec les pièces destinées aux communes et aux gares du groupe qu'il s'est réservées.

Devoirs des gendarmes. — D. Quels sont les devoirs des *gendarmes* le premier jour de la mobilisation ?

R. Les gendarmes ayant reçu de leurs chefs les paquets d'affiches à remettre, se rendent dans les communes qui leur sont affectées, à une vitesse aussi rapide que possible. L'arrêt dans chaque commune, à *l'aller*, ne devra être que celui strictement nécessaire pour remplir la mission.

Accidents. — D. Que doivent faire les gendarmes dans ce cas ?

R. Si l'accident est arrivé au gendarme, réclamer un homme sûr auquel il donne des explications nécessaires et lui confier sa mission.

Si l'accident est arrivé à la monture, réquisitionner un moyen de transport au lieu le plus proche de l'endroit où l'accident est arrivé.

Dans chaque commune. — D. Que doit faire chaque gendarme ?

R. Se rendre à la mairie, faire prévenir d'urgence le maire ou son suppléant, requis au besoin par l'autorité militaire.

Exécuter les dispositions suivantes en présence du secrétaire de la mairie, autant que possible :

Remise des paquets. — 1⁰ Remise au maire ou à son suppléant des paquets d'affiches et autres pièces.

Récépissés. — 2⁰ L'inviter à les compter et à en donner reçu sur la formule de récépissé que lui présente le gendarme.

Affiches à compléter. — 3⁰ L'inviter à ouvrir en sa présence le paquet d'affiches générales de mobilisation et à compléter la première de ces affiches en y inscrivant la date et le nom du *premier* jour de la mobilisation (en toutes lettres).

Recommandations. — 4⁰ Le prévenir que toutes les autres affiches doivent être complétées de la même manière et le plus rapidement possible.

Instruction sommaire. — 5⁰ L'engager à prendre sans retard connaissance de l'instruction sommaire contenue dans le paquet d'affiches générales de mobilisation et à se conformer strictement aux prescriptions qu'elle contient.

Tableau de concordance. — 6⁰ L'inviter à faire établir et afficher sans retard le tableau de concordance entre les jours de mobilisation et les dates du calendrier, suivant les prescriptions de l'instruction sommaire.

Affiches à placarder. — 7° Recommander que l'affiche de mobilisation générale et l'ordre de réquisition soient partout placardés les uns à côté des autres.

Points d'affichage. — 8° Remettre dans les communes rurales au maire ou à son suppléant, comme émanant de l'autorité militaire, l'état des points de la commune où les différentes affiches doivent être collées, si déjà cet état n'a pas été remis à ce fonctionnaire dès le temps de paix. Dans ce cas, l'engager à se conformer, comme d'habitude, à ce document.

9° Inviter le maire ou son suppléant ;

Effets à emporter. — A. A recommander aux hommes convoqués par affiches ou par ordres individuels d'appel, de se mettre en route, autant que possible, avec deux chemises, un caleçon, deux mouchoirs en bon état, et avec de bonnes chaussures brisées aux pieds, ainsi que de se faire couper les cheveux.

Jours de mobilisation. — B. A faire connaître partout que les jours de mobilisation se comptent de minuit une minute à 11 h. 59' du soir, sans aucune interruption résultant du dimanche ou des jours fériés.

Militaires de l'armée active. — A faire rejoin-

dre immédiatement ceux en permission ou en
congé, à l'exception des convalescents (1); les
avertir qu'ils seront traités comme déserteurs,
s'ils n'obéissent pas immédiatement à cet ordre.

Membres des commissions. — S'il y a dans la
commune des membres civils titulaires ou suppléants, désignés pour faire partie des commissions de réquisition, le gendarme laisse leur
lettre d'avis au maire ou à son suppléant, en
l'invitant à faire le nécessaire pour que ces lettres soient remises, sans le moindre retard, aux
intéressés, contre reçu; il le prévient qu'il pren-
dra ce reçu, en repassant le soir par la commune.

D. Que doit faire un gendarme qui a des gares
de chemins de fer dans son itinéraire?

R. Dans le cas où le gendarme a des gares de
chemins de fer dans son itinéraire, il y porte
deux affiches complétées et les remet, contre
reçu, au chef de gare, en l'invitant à les placarder, l'une, du côté de la voie; l'autre du côté
de l'entrée ou dans la salle, en cas de mauvais
temps.

Il s'assure, en outre, que le texte du télégramme de mobilisation est affiché au-dessus du
guichet où l'on délivre les billets, disposition
qui est réglementaire.

(1) Ils conservent la faculté de rester dans leurs
foyers jusqu'à l'expiration de leur congé.

Retour. — D. Comment doit-il s'opérer?

R. Les gendarmes, arrivés dans la dernière commune et y ayant fait la remise des pièces, s'arrêtent une heure pour se reposer.

Avant de repartir, ils s'assurent de l'exécution de toutes les dispositions indiquées ci-dessus et font rectifier les erreurs et réparer les omissions, s'il s'en était produit; leur attention se porte, entre autres, sur le tableau de concordance entre les jours de mobilisation et les dates correspondantes au calendrier.

Les gendarmes, dans toutes les communes où ils passent à leur retour, se livrent aux mêmes investigations, et la présente leur sert pour contrôler toutes les opérations en cours d'exécution.

Ils doivent prendre, dans les mairies, les reçus signés par les membres civils titulaires ou suppléants des commissions de réquisition, ou les lettres d'avis si elles n'ont pu être remises pour cause majeure (décès, maladie, absence devant se prolonger, des destinataires).

Dans ces derniers cas, s'ils ont encore des lettres d'avis pour des membres suppléants des mêmes commissions, résidant dans les communes de leur itinéraire, les gendarmes les portent immédiatement.

Résumé. — En resumé, une fois de retour à la brigade, chaque gendarme doit pouvoir affirmer à son chef que, dans toutes les communes placées dans son itinéraire, la mobilisation s'accomplit, et que toutes les dispositions prescrites par l'instruction confidentielle du 20 avril 1891 ont reçu leur exécution; que pas une erreur, pas une omission n'ont été faites, ou qu'elles ont été réparées en sa présence et qu'il s'en porte garant.

D. Que doit faire le chef de la brigade à la rentrée de ses gendarmes ?

R. Il envoie au recrutement les reçus des mai res et des chefs de gare.

Il rend compte à son commandant d'arrondissement de tout incident ayant pu se produire.

Les devoirs de la gendarmerie pour les jours suivants de la mobilisation sont définis dans l'instruction confidentielle du 20 avril 1891. Il n'y aurait qu'à s'y reporter le cas échéant.

Enfin, il se conforme pour le surplus ainsi que pour les lettres d'avis n'ayant pu être remises à leurs destinataires à ce que prescrit l'instruction du 20 avril 1891.

Voies ferrées. — D. Quelle surveillance doit-on exercer sur les voies ferrées au moment de la mobilisation ?

R. La surveillance des voies ferrées a pour objet la régularité de la mobilisation et de la concentration des armées. Elle incombe à un personnel de garde formé par des hommes de la réserve de l'armée territoriale, organisés militairement sous le commandement d'un officier supérieur, ou exceptionnellement d'un capitaine.

Cette troupe spéciale est exercée dès le temps de paix en vue de la mission qu'elle aura à remplir en temps de guerre.

En cas de mobilisation, les préfets, les maires, les agents des ponts et chaussées, les douaniers et forestiers des communes traversées par les voies ferrées apportent leur concours à ce service.

Les officiers et les brigades de gendarmerie exercent une surveillance constante sur les étrangers et les gens suspects, les suivent au besoin dans leurs déplacements et les signalent, lorsqu'il y a lieu, aux sentinelles et aux chefs de poste. (Loi du 2 juillet 1890 et décret du 5 juillet 1890.)

CHAPITRE XI

Service prévôtal.

D. Que comprend le service de la gendarmerie aux armées ?

R. Le service de la gendarmerie aux armées comprend le service prévôtal proprement dit (service de police et service judiciaire), la garde des prisonniers et la surveillance des trains.

D. Quels titres reçoivent les commandants des prévôtés ou forces publiques ?

R. Le commandant supérieur de la gendarmerie du quartier général d'une armée reçoit le titre de *grand prévôt*.

Le commandant de la gendarmerie du quartier général d'un corps d'armée est appelé *prévôt*.

Les commandants des forces publiques affectées aux unités ci-après : division d'infanterie, divisions de cavalerie indépendante, brigades de cavalerie de corps d'armée, brigades opérant isolément, commandements d'étapes d'une armée, prennent tous le titre de *commandant de la force publique* suivi de la désignation de l'unité à laquelle ils sont attachés.

Le commandant de la gendarmerie du grand quartier général des armées est appelé *prévôt*.

Le commandant de la force publique d'un commandement d'étapes est appelé *prévôt d'étapes*.

D. Quels sont les effets de mobilisation attribués aux gendarmes prévôtaux ?

R. Les effets de mobilisation sont *individuels* ou *collectifs*; la collection des effets *individuels* comprend :

POUR CHAQUE PRÉVOTAL A CHEVAL :

Petit équipement, 1 corde à fourrage.

POUR CHAQUE PRÉVOTAL A PIED OU A CHEVAL :

Campement
{
1 petit bidon d'un litre avec courroie et quart adhérent ;
1 gamelle individuelle ;
2 sachets en toile pour vivres.
}

Les effets *collectifs* sont délivrés à raison de :

1 marmite à 4 hommes pour 4 hommes montés ou à pied ;

1 étui de marmite à 4 hommes pour 4 hommes montés ou à pied ;

2 hachettes pour 15 hommes montés ou à pied ;

1 seau en toile pour 2 hommes montés ;

1 seau en toile pour 4 hommes à pied ;

1 sac à distribution pour 4 hommes à pied ;

1 corde à poitrail de 16 mètres de longueur pour 3 chevaux.

Chaque prévôtal à pied est, en outre, porteur de 48 cartouches de carabine (1) et de 30 cartouches de revolver ; chaque prévôtal à cheval, de 30 cartouches de revolver seulement.

---

(1) Circulaire ministérielle du 14 avril 1892.

D. Quelles sont les attributions générales de la gendarmerie aux armées ?

R. La gendarmerie remplit, à l'armée, des fonctions analogues à celles qu'elle exerce à l'intérieur ; la recherche et la constatation des crimes, délits et contraventions, la rédaction des procès-verbaux, la poursuite et l'arrestation des coupables, la police, le maintien de l'ordre dans les camps, dans les cantonnements et sur les routes. le transfèrement des prisonniers sont de sa compétence et constituent ses devoirs.

La surveillance des individus non militaires, des marchands, des vivandiers, des domestiques qui suivent l'armée en vertu d'une permission, des vagabonds, des individus soupçonnés d'espionnage, constitue une partie essentielle de ses attributions.

La gendarmerie est spécialement chargée du service des prisons (1) qui sont établies dans les quartiers généraux d'armée, de corps d'armée et de division.

Elle surveille et dirige le service des sauvegardes.

Enfin, elle a dans ses attributions la réunion, la formation, la direction et la police des trains régimentaires.

D. Qu'entend-on par arrondissement d'une armée ?

R. Par arrondissement d'une armée, on doit

(1) Voir le règlement sur les prisonniers de guerre, prix 0 fr. 75. H. Charles-Lavauzelle, éditeur.

entendre, non seulement le territoire occupé militairement, les cantonnements divers, les camps, les bivouacs, les flancs, les derrières de l'armée, ses magasins de toute espèce, ses réserves et tout le service nécessaire pour les garder, mais encore le terrain qui environne les opérations de l'armée, aussi loin que la sûreté exige que ces opérations soient sauvegardées.

D. De qui relève la gendarmerie aux armées ?

R. La gendarmerie aux armées ne relève que de ses chefs directs, ainsi que des généraux et chefs d'état-major près desquels elle est placée.

D. Par quel intermédiaire doivent passer les réquisitions adressées à la gendarmerie ?

R. Les réquisitions adressées à la gendarmerie doivent, à moins de circonstances exceptionnelles, passer, par l'intermédiaire des officiers de l'arme, dans les divisions et corps d'armée.

D. Les militaires de la gendarmerie ne peuvent-ils être punis que par leurs chefs directs ?

R. Les militaires de la gendarmerie ne peuvent être punis que par leurs chefs directs et par les généraux et chefs d'état-major des corps auxquels ils appartiennent. Toute faute méritant répression, commise par l'un deux, est signalée au prévôt et au grand prévôt.

Il est donné connaissance, à l'autorité qui a porté la plainte, de la punition infligée.

Au grand prévôt, au général, aux chefs d'état-major des corps dont ils relèvent appartient le droit de diminuer, de changer la nature et même de faire cesser les punitions prononcées.

D. La gendarmerie peut-elle être employée au service d'escorte et d'estafette ?

R. La gendarmerie ne peut être employée au service général d'escorte et d'estafette que dans le cas de la plus absolue nécessité ; il en est toujours rendu compte au grand prévôt. Elle ne peut non plus fournir d'ordonnances aux officiers, quel que soit leur grade.

D. A quoi sert le mot d'ordre ?

R. Pour faciliter l'exécution de leur service, les sous-officiers, brigadiers et gendarmes sont autorisés à pénétrer, à toute heure de jour et de nuit, dans l'intérieur des camps et cantonnements. A cet effet, ils sont munis du mot d'ordre qui est envoyé, par les chefs d'état-major, aux commandants de la gendarmerie en même temps qu'aux autres chefs de service.

Il est rendu compte au commandant du corps d'armée et au prévôt, par la voie hiérarchique, des obstacles ou empêchements que les militaires de la gendarmerie pourraient rencontrer dans l'exécution de leur service.

D. Quels sont les signaux en usage en campagne et aux manœuvres ?

R. Les signaux en usage pendant les campagnes et manœuvres sont réglés ainsi qu'il suit (Décis. minist. du 29 juin 1892) :

FANIONS ET LANTERNES.

Commandant en chef d'un groupe d'armées : Fanion tricolore en forme de pavillon, de 90 cen-

timètres sur 70 centimètres, avec cravate blanche à franges d'or, nouée au fer de la hampe.
Le fer de lance et la hampe jusqu'à la partie inférieure du pavillon sont dorés. — Lanterne à
4 faces planes garnies d'un verre blanc sur lequel se trouve dessinée une étoile bleue inscrite
dans une bande circulaire rouge.

Major général d'un groupe d'armées : Fanion
tricolore en forme de pavillon bordé sur trois
de ses côtés (celui de la hampe excepté) par une
bande blanche de 5 centimètres de largeur, puis
par une bande écarlate de même largeur. La
partie tricolore mesure 65 centimètres sur 50
centimètres. Cravate tricolore nouée au fer de
lance de la hampe. — Lanterne avec verre blanc
ou incolore.

Commandant en chef d'une armée : Fanion
tricolore en forme de pavillon, de 65 centimètres
sur 50 centimètres, avec une cravate tricolore
nouée au fer de lance de la hampe. — Lanterne
avec verre blanc ou incolore.

*Général commandant l'artillerie ou le génie
d'une armée* : Fanion en forme de pavillon,
écarlate et bleu de ciel assemblés en diagonale,
le rouge au sommet et le bleu à la base. — Lanterne avec verre rouge.

Général commandant un corps d'armée :
Fanion tricolore en forme de pavillon. — Lanterne avec verre blanc ou incolore.

*Général commandant la 1re division d'infante-
rie d'un corps d'armée* : Fanion écarlate en

forme de pavillon, divisé sur son milieu et dans sa hauteur par une bande blanche. — Lanterne avec verre rouge.

Général commandant la 2ᵉ division d'infanterie d'un corps d'armée : Fanion écarlate en forme de pavillon, divisé dans sa hauteur par deux bandes blanches. — Lanterne avec verre rouge.

Général commandant la 3ᵉ division d'infanterie d'un corps d'armée : Fanion écarlate en forme de pavillon, divisé dans sa hauteur par trois bandes blanches. — Lanterne avec verre rouge.

Général commandant la brigade d'artillerie d'un corps d'armée : Fanion en forme de flamme, mi-parti écarlate et bleu de ciel, l'écarlate au sommet, le bleu de ciel à la base. — Lanterne avec verre vert foncé,

Général commandant la brigade de cavalerie d'un corps d'armée : Fanion en forme de flamme, mi-parti bleu de ciel et blanc, le bleu au sommet, le blanc à la base. — Lanterne avec verre vert foncé.

Général commandant une division d'infanterie non comprise dans un corps d'armée : Fanion écarlate en forme de pavillon, divisé horizontalement par une raie blanche. — Lanterne avec verre rouge.

Général commandant un groupe de cavalerie : Fanion en forme de pavillon, écarlate et

blanc assemblés en diagonale, l'écarlate au
sommet, le blanc à la base. — Lanterne avec
verre blanc ou incolore.

*Général commandant une division de cava-
lerie :* Fanion en forme de pavillon, bleu de ciel
et blanc assemblés en diagonale, le bleu au sommet, le blanc à la base. — Lanterne avec verre
rouge.

Section de munitions d'infanterie, 1ʳᵉ, 2ᵉ *et*
3ᵉ *sections de parc d'artillerie, caissons de
bataillon :* Fanion en forme de pavillon de couleur jaune. — Lanterne avec verre jaune.

Il n'est pas attribué de fanion ni de lanterne
aux voitures de compagnie.

Section de munitions d'artillerie et 4ᵉ *section de parc d'artillerie :* Fanion en forme de
pavillon de couleur bleue. — Lanterne avec verre
bleu.

Ambulances et hôpitaux de campagne : Fanion en forme de pavillon, fond blanc, bordé
écarlate, avec croix de même couleur sur son
milieu. — Deux lanternes dont une à verre
rouge et l'autre à verre blanc.

Les hôpitaux de campagne temporairement
immobilisés, destinés à l'isolement et au traite-
ment des hommes atteints de maladies contagieuses, sont signalés par un fanion jaune.

Poste télégraphique : Fanion en forme de
pavillon, bordure bleue sur fond blanc, T bleu
en son milieu.— Lanterne avec verre blanc portant un T bleu et une bordure de même nuance.

Poste aux armées : Fanion en forme de pavillon, bordure vert olive sur fond blanc, P vert

I   Général Command.¹ en Chef
un groupe d'armées.

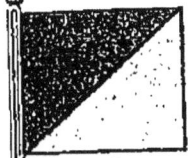

II   Major Général
d'un groupe d'armées.

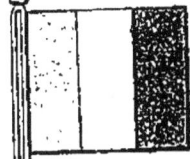

III   Général Command.¹
en chef une armée.

IV   Général Command.¹
l'Artillerie ou le Génie
d'une armée.

V   Général Command.¹
un corps d'armée.

VI   Général Command.¹
la 1.ʳᵉ division d'Inf.ᵉ
d'un corps d'armée.

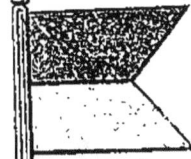

VII   Général Command.¹
la 2.ᵉ division d'Inf.ᵉ
d'un corps d'armée.

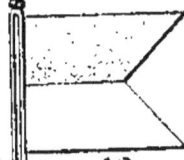

VIII   Général Command.¹
la 3.ᵉ division d'Inf.ᵉ
d'un corps d'armée.

IX   Général Command.¹
la brigade d'Artillerie
d'un corps d'armée.

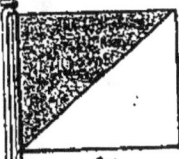

X   Général Command.¹
la brigade de Cavalerie
d'un corps d'armée.

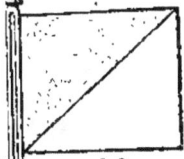

XI   Général Command.¹
une division d'Inf.ᵉ
non comprise dans
un corps d'armée.

XII   Général Command.¹
un groupe de divisions
de Cavalerie.

XIII   Général Command.¹
une division de
Cavalerie.

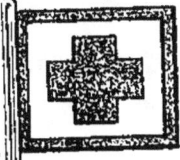

XVI   Sections de munitions
d'Inf.ᵉ 1.ʳᵉ 2.ᵉ et 3.ᵉ sections
du parc d'Artillerie
Caissons de bataillons.

XV   Sections de munitions
d'artillerie 4.ᵉ section
du parc d'artillerie.

XVI   Ambulances et
Hôpitaux de campagne.

XVII   Postes
télégraphiques.

XVIII   Arbitres

IMPRIMERIE ET LIBRAIRIE
DES ARMÉES DE TERRE & DE MER

olive en son milieu. — Lanterne avec verre blanc portant un P vert olive et une bordure de même nuance.

Arbitres : Aux manœuvres, les arbitres ont un fanion en forme de pavillon, bordé écarlate sur fond blanc; pas de lanterne.

Les fanions des généraux sont portés par un cavalier de l'escorte. Les généraux de brigade d'infanterie n'en ont pas, non plus que les généraux de brigade des divisions de cavalerie.

D. La gendarmerie peut-elle requérir main-forte des hommes de troupe ?

R. Les officiers et les hommes de troupe de toutes armes sont tenus de déférer aux réquisitions de la gendarmerie, lorsqu'elle croit avoir besoin d'appui. Dans le cas où la main-forte lui est refusée, il en est rendu compte, par la voie hiérarchique, au chef d'état-major de la division à laquelle appartient l'officier ou l'homme de troupe qui n'a pas obtempéré à la réquisition.

Toutes les fois que des officiers, sous-officiers et gendarmes interviennent en leur qualité d'agents de la force publique, au nom de la loi, personne n'a le droit d'entraver leur autorité et tout le monde doit se soumettre à leurs réquisitions et à leurs injonctions.

Dans toutes ses relations avec les corps de troupe, la gendarmerie doit agir avec la mesure et le discernement indispensables au légitime exercice de ses droits ; mais elle ne doit pas hésiter à signaler le mauvais vouloir et les résistances qui entraveraient l'exécution de son service.

D. Quelles sont les attributions de la gendarmerie à l'égard :

1° Des individus non militaires ?

R. La gendarmerie a dans ses attributions spéciales la police relative à tous les individus non militaires qui suivent l'armée.

Ces individus forment trois catégories :

1° Les secrétaires, interprètes et employés que les généraux et fonctionnaires de l'armée ont à leur suite ;

2° Les vivandiers, cantiniers et marchands ;

3° Les domestiques des officiers, des employés de l'armée, des vivandiers et des marchands autorisés.

2° A l'égard des secrétaires, interprètes et employés?

R. Les généraux et fonctionnaires de l'armée qui ont à leur suite des secrétaires, des interprètes, des employés, sont tenus d'en faire connaître les noms, prénoms, âge, lieux de naissance et signalements, soit au grand prévôt, soit au prévôt, soit au commandant de la force publique de la division ou du détachement.

Ces derniers inscrivent sur un registre (modèle n° 4), les secrétaires, les interprètes, les employés, avec tous les renseignements qui les concernent.

3° A l'égard des vivandiers, cantiniers et marchands?

R. Les officiers de gendarmerie désignés ci-dessus sont chargés de recevoir et d'examiner les demandes des personnes qui désirent exercer une profession quelconque à la suite de l'armée. Ils accordent des permissions et délivrent des patentes à celles qui justifient de leur bonne conduite et qui offrent toutes les garanties pour le genre d'industrie auquel elles veulent se livrer.

Un registre spécial (modèle n° 5) sert à inscrire les noms, prénoms, signalements et professions des vivandiers, cantiniers et marchands, avec indication du numéro de la patente qui leur a été délivrée.

D. Comment sont délivrées les patentes?

R. Le grand prévôt et le prévôt n'accordent de patentes que pour les quartiers généraux auxquels ils sont attachés. Ces patentes sont soumises au visa des chefs d'état-major.

Les commandants de la force publique des divisions ou brigades délivrent, sous l'approbation du chef d'état-major et avec son visa, des patentes aux vivandiers, marchands et industriels des divisions ou des brigades; ils les font viser par le prévôt du corps d'armée; cette dernière obligation n'est pas imposée aux patentes délivrées par les commandants des forces publiques des divisions de cavalerie indépendante.

Les patentes, détachées du registre à souche (modèle n° 6), portent les indications suivantes :

Numéro de la patente;

Nom, prénoms, âge, profession, domicile et signalement du titulaire de la patente;

Nature des vivres, des liquides et autres marchandises à vendre;

Fraction de l'armée pour laquelle la patente est valable.

D. Quelle surveillance exerce la gendarmerie sur les patentes?

R. Les patentes doivent être l'objet d'un examen sévère de la part de la gendarmerie; elle se les fait représenter fréquemment et s'assure de l'identité des individus qui en sont détenteurs. Cette mesure est de la plus haute importance pour empêcher ou réprimer l'espionnage.

Les détenteurs des patentes doivent les faire viser une fois par mois par le commandant de la force publique qui les a délivrées.

D. Quelles plaques doivent porter les vivandiers, cantiniers et marchands?

R. Indépendamment de leurs patentes, les marchands et les vivandiers autorisés reçoivent une plaque portant l'exergue : « marchand » ou « vivandier », et le numéro de leur patente (modèle nº 7).

Ils sont tenus de porter cette plaque d'une manière ostensible et d'en avoir à leur voiture une autre portant leur nom, le numéro de leur patente et l'indication de la fraction qu'ils sont autorisés à suivre (modèle nº 8).

Les cantinières des corps sont astreintes à avoir une plaque à leur voiture (1).

D. Quelle surveillance doit exercer la gendarmerie sur les comestibles et les liquides?

(1) Les cantinières-vivandières n'ont pas de tenue spéciale; elles portent au bras la plaque réglementaire. (Note ministérielle du 3 août 1890.) La tenue des cantiniers commissionnés non militaires, en temps de guerre comme en temps

R. Les chefs d'état-major-exigent que les comestibles et les liquides dont les marchands et les vivandiers doivent être pourvus soient de bonne qualité et en quantité suffisante ; ils en fixent les prix qui doivent être affichés par cha-que marchand.

La gendarmerie s'assure que ces prescriptions sont exécutées.

Dans chaque corps d'armée et chaque division, une commission hygiénique, composée d'un médecin et d'un pharmacien militaires, est char-gée de faire inopinément des tournées générales ou partielles pour apprécier la qualité des liqui-des et des comestibles débités par les marchands, les vivandiers et les cantiniers. Cette commission est assistée, dans ses tournées, d'un maréchal des logis ou d'un brigadier de gendarmerie, avec deux gendarmes.

Elle fait répandre ou enfouir les liquides et les

de paix, pendant les marches et les grandes ma-nœuvres, comprend :

1o Une vareuse à deux rangées de boutons ;

2o Un pantalon du modèle général de l'infan-terie.

Ces deux effets sont confectionnés en drap de soldat gris de fer bleuté.

Les boutons de la vareuse sont ceux du corps de troupe auquel appartient le cantinier. L'écus-son du corps est cousu au collet de l'effet ;

3o Une casquette en toile cirée, analogue à celle des soldats ordonnances, avec bandeau en drap gris de fer bleuté ;

4o Une plaque portée au bras gauche et sur laquelle sont inscrits le mot *Cantinier* et le nu-méro du corps de troupe. (Même note minist.)

comestibles qui sont reconnus susceptibles de
porter atteinte à la santé des troupes. La gendarmerie dresse procès-verbal.

Tout individu militaire ou non militaire qui
vend ou met en vente des substances ou denrées
alimentaires ou médicamenteuses qu'il sait fal-
sifiées ou corrompues, est traduit devant un
conseil de guerre et puni d'un emprisonnement
de trois mois au moins et d'un an au plus, ainsi
que d'une amende qui ne peut être inférieure à
50 francs.

S'il s'agit de marchandises contenant des mix-
tures nuisibles à la santé, l'amende est de 50 à
500 francs et l'emprisonnement de trois mois à
deux ans. (Loi du 27 mars 1851.)

D. La gendarmerie a-t-elle le droit de faire
des perquisitions dans les voitures des vivandiers
et marchands?

R. La gendarmerie fait souvent des perquisitions dans les voitures des marchands et vivandiers pour empêcher qu'elles ne servent à transporter d'autres objets que ceux qu'elles doivent
contenir.

Les individus qui suivent les armées comme
marchands sont, en général, des gens d'une
moralité douteuse. S'ils n'étaient surveillés de
près, ils marauderaient, soit par eux-mêmes,
soit par leurs domestiques, ou deviendraient les
recéleurs de tout ce que pourraient soustraire
les soldats maraudeurs.

Les perquisitions doivent être exécutées surtout lorsque les troupes près desquelles les
marchands et vivandiers exercent leur industrie

viennent de quitter une ville ou un cantonnement important.

D. Quelle surveillance exerce la gendarmerie sur les domestiques?

R. Les domestiques des officiers, des employés de l'armée, des vivandiers et des marchands autorisés sont tenus d'avoir une attestation de la personne qui les emploie indiquant qu'ils sont à son service. Cette attestation est visée dans les corps par les colonels, dans les états-majors et les administrations par les prévôts. S'ils obtiennent des permissions, elles doivent être visées de la même manière.

Il est défendu de prendre à l'armée un domestique s'il n'est porteur d'un titre attestant qu'il est définitivement libéré du service.

La gendarmerie arrête les domestiques qui, sur sa réquisition, ne lui présentent pas l'attestation signée de leur maitre, constatant qu'ils sont à son service, et, s'il y a lieu, leur permission.

Un domestique qui, pendant la campagne, abandonne la personne qui l'emploie, est réputé vagabond et arrêté comme tel.

Lorsqu'un domestique vient à cesser ses fonctions, la personne qui l'emploie est tenue de lui retirer l'attestation qu'elle lui a délivrée.

Si cet individu vient à disparaitre sans rendre l'autorisation dont il est muni, la personne qui l'employait est tenue d'en informer sur-le-champ le commandant de la force publique qui rend compte hiérarchiquement au grand prévôt. Des ordres sont donnés pour que le fugitif soit retrouvé.

Cette mesure est de la plus haute importance pour empêcher et réprimer l'espionnage.

D. Et à l'égard des vagabonds ?

R. Les vagabonds ou gens sans aveu sont les individus qui n'ont ni domicile certain, ni moyens d'existence et qui n'exercent habituellement ni métier, ni profession. Ils ne peuvent suivre les armées que pour se livrer au pillage et à la maraude.

La gendarmerie doit les arrêter.

D. Et à l'égard des espions ?

R. La gendarmerie doit exercer, au point de vue de l'espionnage, une surveillance incessante dans l'intérieur et aux abords des camps et cantonnements.

Il faut se méfier de tout individu qui, n'appartenant pas à l'armée, s'y présente pour y exercer une industrie quelconque. Les curieux doivent être également écartés avec soin.

Dans les localités où l'on séjourne plusieurs jours, il est important de surveiller, dans le voisinage des bureaux de poste, les individus étrangers au pays qui viennent jeter des lettres dans la boîte ou en réclamer au bureau restant. Les espions peuvent, en effet, correspondre entre eux par ce moyen.

Tout individu étranger à l'armée et au pays occupé, qui est trouvé dans un camp ou aux abords d'un camp avec des allures suspectes, est arrêté et conduit, sans retard, devant le commandant de la gendarmerie ; il est immédiatement interrogé pendant qu'il est encore sous le coup de l'émotion que lui a causée son arrestation ; il est ensuite fouillé minutieusement.

S'il existe des preuves contre lui, le commandant de la gendarmerie le fait conduire devant le chef détat-major avec le procès-verbal détaillé de son arrestation et de son interrogatoire et les pièces à conviction.

S'il n'y a que des soupçons, l'arrestation est maintenue jusqu'à plus ample informé.

Si l'individu arrêté n'a pas de moyens d'existence dont il puisse justifier, il est considéré comme vagabond et jugé par le tribunal prévôtal.

Enfin, si deux témoins honorables et dignes de foi, en résidence dans le pays occupé, répondent de l'individu arrêté, et s'il n'a été relevé d'ailleurs contre lui aucune charge, on le met en liberté en l'invitant à s'abstenir de tout acte de curiosité vis-à-vis des troupes.

Sur le territoire français ou en pays allié, la gendarmerie doit s'enquérir de tout individu qui est signalé comme manifestant des sympathies pour l'ennemi ; elle le surveille attentivement et le fait surveiller en même temps par l'autorité locale.

Lorsque deux ou plusieurs individus soupçonnés d'espionnage ont été arrêtés en même temps, ils doivent être séparés et interrogés à part, afin qu'ils ne puissent concerter leurs réponses.

La gendarmerie arrête également quiconque aura recélé ou fait recéler des espions ou soldats ennemis envoyés à la découverte, et qu'elle aura connus pour tels.

D. Devant quelle autorité sont conduits les

prévenus de crimes ou de délits qui n'appartiennent pas à l'armée.

R. Les prévenus de crimes ou de délits qui n'appartiennent pas à l'armée et qui sont cependant justiciables des conseils de guerre sont conduits devant l'officier général qui commande la fraction de l'armée dans l'arrondissement de laquelle ils ont été arrêtés (Code de justice militaire, art. 68) ; ceux qui sont justiciables de la prévôté sont écroués à la prison par ordre du commandant de la force publique, qui procède, sans désemparer, à leur jugement.

CHAPITRE XII.

Destination à donner aux individus arrêtés.

A la maison d'arrêt. — 1° Ceux arrêtés en vertu d'un mandat d'*arrêt*.

2° Ceux arrêtés en vertu d'un jugement portant condamnation à l'emprisonnement.

Devant le juge mandant. — Ceux arrêtés en vertu d'un mandat d'*amener*, trouvés dans la circonscription dudit juge.

Devant le juge de paix. — Ceux arrêtés comme présumés avoir participé au crime d'incendie. (281. D. G.)

Devant le maire ou le juge de paix. — Individus arrêtés en vertu d'un mandat d'*arrêt* ou de *dépôt*, trouvés en dehors de la circonscription du juge mandant (98. C. I. C.), et les délinquants inconnus, pour délits forestiers. (163. C. F.)

Devant le maire. — Tout individu dont l'identité est à constater ou devant fournir caution pour dégâts commis ou blessures du fait de son imprudence. Et conformément à l'art. 318. D. G., les conducteurs de voitures obstruant les voies de communication avec résistance.

Devant le procureur de la République. — Ceux arrêtés : 1° pour vagabondage ; 2° pour mendicité étant valides, et dans les conditions de l'art. 333 du décret du 1er mars 1854; 3º en vertu de signalements; 4º pour faux papiers; 5º pour outrages ou rébellion envers la gendarmerie; 6º en vertu d'un mandat d'*amener*, lorsqu'ils ont été trouvés en dehors de la circonscription du juge mandant; 7º en flagrant délit de vol, d'assassinat, de viol, d'incendie, de blessures graves et autres méfaits qualifiés crimes ou délits par la loi.

Devant le commandant de recrutement. — Les insoumis arrêtés dans la circonscription du bureau auquel ils appartiennent.

Au chef-lieu du corps d'armée, ceux arrêtés en dehors de la circonscription du bureau auquel ils appartiennent. (Circ. minist. du 13 octobre 1879.)

Devant le commandant de gendarmerie du département. — Les déserteurs et les militaires absents illégalement de leur corps et arrêtés *hors* des limites de la garnison.

Nota. Dans la pratique, c'est à la place, quand il y en a une au chef-lieu, qu'on doit les conduire, à moins que le général commandant la subdivision de région, à la disposition duquel ils doivent être mis, n'en ait décidé autrement.

Devant les chefs de corps ou de détachement. — Les militaires arrêtés, en vertu d'un signalement, *dans* les limites de la garnison, et ceux arrêtés *hors* de la garnison, lorsque leurs corps est plus rapproché que le chef-lieu de département.

Militaires. — *Arrêtés comme s'étant rendus coupables de crime ou délit.* — D. Devant qui la gendarmerie doit-elle les conduire?

R. S'ils sont présents sous les drapeaux, ils sont conduits devant leur chef de corps ou devant le commandant de la compagnie, qui les remet à l'autorité militaire ; s'ils sont en congé ou en permission, ils sont remis entre les mains du procureur de la République, car dans ce cas ils ne sont justiciables des conseils de guerre que pour les crimes et délits prévus par le titre II du livre IV du Code militaire.

Contrebandiers. — Les individus arrêtés en flagrant délit de contrebande sont conduits devant le chef du service des contributions indirectes de l'arrondissement où la capture des objets de contrebande a été faite.

Les fraudeurs en matière d'allumettes sont conduits devant le directeur ou le sous-directeur de contributions indirectes le plus voisin (302 D. G.).

CHAPITRE XIII.
Armement et tir.

Carabine. — *Démontage.* — D. Quelles sont, par ordre, les pièces à démonter?

R. Le démontage a lieu dans l'ordre suivant :

1° L'épée-baïonnette :

2° La bretelle;

3° La culasse mobile;

4° Le mécanisme;

5° Le canon.

Démontage de la culasse mobile. — Pour retirer la culasse mobile de la boîte, ouvrir le tonnerre, amener la culasse mobile en arrière jusqu'à ce que le tenon gauche de fermeture soit au milieu de l'entaille pour le démontage de la tête mobile, desserrer la vis d'assemblage du cylindre et de la tête mobile de la quantité nécessaire pour séparer ces deux pièces (la dévisser de trois à quatre filets, jusqu'à ce que la tête de la vis soit complètement visible hors de son trou), faire tourner la tête mobile à droite avec la main pour dégager le bouton de son logement dans le cylindre; faire sortir la culasse mobile de la boîte de culasse; enlever la tête mobile restée dans la boîte.

Si, au moment du démontage, le manchon, se trouvait, par suite d'une circonstance quelconque, orienté de façon que sa fente de repère fût dans le prolongement de celle du chien, on éprouverait, pour rabattre la tête mobile à droite, une résistance provenant du percuteur et du manchon. Il faudrait, dans ce cas, faire tourner d'abord le manchon à droite avec la main, jusqu'à l'arrêt de l'étouteau, puis rabattre la tête mobile.

Il est interdit aux gendarmes de dévisser la vis d'assemblage et de séparer le cylindre de la tête mobile en laissant celle-ci engagée dans son logement de l'avant de la boîte de culasse.

La culasse mobile étant séparée de la boîte, pour la démonter entièrement, mettre le chien à l'abattu, faire tourner le manchon à gauche de manière à mettre sa fente de repère dans le prolongement de celle du chien; appuyer la pointe du percuteur sur un morceau de bois dur ou dans le trou de la tête de baguette; faire effort sur le levier du cylindre pour comprimer le ressort à boudin et faire sortir le manchon de son logement, dégager le manchon du T du percuteur, laisser le ressort se détendre librement; séparer le cylindre, le chien, le percuteur et le ressort à boudin.

Il est interdit aux gendarmes de démonter l'extracteur.

Démontage du mécanisme. — Dévisser la vis de pontet, puis la vis de mécanisme, en maintenant d'une main le pontet dans son logement pendant qu'on retire la vis de mécanisme avec l'autre main. Saisir le pontet de la main droite et le faire pivoter vers l'avant pour dégager le crochet du support d'élévateur; séparer le mécanisme de la monture.

Pour démonter entièrement le mécanisme :

1º Dévisser la vis-pivot d'élévateur et l'enlever en maintenant la tête d'élévateur en place avec le pouce de la main gauche; retirer l'élévateur;

2º Enlever la vis de gâchette et la gâchette réunie à la détente;

3° Enlever la vis de crochet de chargeur; saisir le ressort de crochet et le tirer en arrière et vers le haut pour faire sortir le crochet de son logement.

Il est interdit aux gendarmes de démonter la planche supérieure et les ressorts d'élévateur, de dévisser les vis de support d'élévateur et la vis d'éjecteur.

Démontage du canon. — Dévisser et enlever la baguette; dévisser la vis de culasse; enlever l'embouchoir, puis la grenadière; séparer le canon du bois. A cet effet, renverser l'arme dans la main gauche, le canon en dessous; saisir la monture de la main droite à la poignée et donner quelques saccades jusqu'à ce que le canon soit dégagé de son logement.

Il est interdit aux gendarmes de chercher à démonter les pièces de la hausse, le tenon d'épée-baïonnette, les ressorts de garnitures, les supports d'oreilles, le taquet, l'écrou-support, le battant de crosse, la plaque de couche, ni une pièce quelconque de l'épée-baïonnette.

Remontage. — D. Comment s'opère-t-il?

1° *Canon.* — Remettre successivement en place le canon, la grenadière (l'anneau à gauche, du côté opposé au levier de culasse mobile), l'embouchoir (le canal de baguette à gauche, comme celui de la monture), la vis de culasse et la baguette. Serrer bien à fond la vis de culasse.

2° *Mécanisme.* — Remonter d'abord, s'il y a lieu, le crochet de chargeur et son ressort, la gâchette avec la détente, l'élévateur en mettant

bien toutes les vis à fond; saisir ensuite le mécanisme par le pontet, l'introduire dans la monture par sa partie antérieure, l'avant du suppprt
d'élévateur venant buter contre le taquet; faire
pivoter le mécanisme en arrière, de manière que
le crochet antérieur vienne emboîter sa goupille
dans la boîte de culasse; achever de mettre la
partie arrière du mécanisme à fond dans son
logement, replacer la vis de mécanisme et la vis
de pontet.

Il est nécessaire, pour replacer la vis-pivot
d'élévateur, d'appuyer fortement avec le pouce
de la main gauche sur la tête d'élévateur pour
amener et maintenir les trois trous de vis en
concordance. On doit prendre une précaution
analogue pour la vis de mécanisme, en appuyant
sur le pontet avec la main gauche, de manière
à introduire la vis sans forcement.

Avoir soin, quand on remonte la gâchette, de
faire pénétrer la queue de la détente dans la
fente du pontet avant de mettre en place la vis
de gâchette.

3° *Culasse mobile.* — Assembler sur le cylindre le ressort à boudin, le percuteur et le chien,
celui-ci à la position de l'abattu; comprimer
le ressort à boudin comme pour le démontage ;
engager le manchon sur le T du percuteur :
l'amener en face de l'entrée de son logement
dans le chien et laisser le ressort à boudin se
détendre lentement.

Les pièces de la culasse mobile étant ainsi
assemblées, à l'exception de la tête mobile, et
la vis d'assemblage étant placée sur le cylindre
à la position de démontage (engagée de trois ou
quatre filets seulement), mettre le chien au

cran de l'armé, faire tourner le manchon, de façon que sa fente de repère soit en demi-à-droite sur celle du chien; placer la tête mobile dans la boîte de culasse, les tenons à hauteur du milieu de l'entaille latérale, le bouton à droite; engager la culasse mobile dans la boîte de culasse en faisant pénétrer le percuteur dans la tête mobile; faire tourner cette dernière à gauche avec la main pour amener son bouton dans son logement; serrer à fond la vis d'assemblage du cylindre ou de la tête mobile.

Si l'on éprouve une difficulté à faire pénétrer le percuteur dans son canal de la tête mobile, cette difficulté proviendra ordinairement de ce que l'on n'a pas tourné le manchon suffisamment à droite; il suffira donc de le faire tourner de la quantité convenable, après avoir vérifié que la tête mobile est bien placée dans la boîte de culasse, le bouton à droite.

On éprouve quelquefois une certaine résistance pour achever de mettre le bouton de tête mobile à fond dans son logement du cylindre. Cette résistance provient du méplat du percuteur dans le cas où, avant de réunir le cylindre à la tête mobile, on a fait tourner le manchon trop à droite. Il suffit donc de ramener le manchon à gauche pour faire cesser cette résistance et mettre sans difficulté la tête mobile en place.

Il est interdit aux gendarmes d'employer, pour faire tourner le manchon, le tournevis engagé dans la fente de repère. On doit toujours faire tourner le manchon avec la main.

4° *Bretelle.* — Vérifier que l'anneau de grenadière est bien à gauche de l'arme.

5º *Epée-baïonnette.*

Placement des carabines. — D. Comment doivent être placées les carabines dans les chambres?

R. Au râtelier, toujours déchargés. Dans les chambres, les marches et les manœuvres, le chien est à l'abattu.

Revolver. — *Démontage.* — D. Comment s'y prend-on pour le démonter?

1º Placer le revolver à plat dans la main gauche, la baguette en dessus, le pouce sur le poussoir; 2º dégager la tête de baguette; 3º faire effort sur le poussoir et enlever l'axe du barillet; 4º mettre le chien au cran de sûreté; 5º ouvrir la porte; 6º enlever le barillet.

Plaquette. — D. Comment l'enlever?

R. 1º Dévisser la vis de plaque de recouvrement; 2º introduire la lame du tournevis dans l'échancrure et enlever la plaquette gauche.

Platine. — Comment la démonter?

R. 1º Conduire le chien à l'abattu; 2º ouvrir la clef du grand ressort; 3º dégager ce ressort de l'étouteau et ses griffes du pivot de chaînette; 4º enlever le grand ressort; 5º mettre le chien au cran de l'armé; 6º appuyer sur la détente pour supprimer le contact du mentonnet et de la gâchette d'avec le chien; 7º enlever le chien; 8º presser avec le pouce de la main droite sur la feuille postérieure du pontet et dégager le T de son logement; 9º saisir les extrémités de la gâchette et l'enlever; 10º enlever le ressort de gâchette; 11° ramener la détente en avant, tenant l'arme à plat dans la main gauche, la crosse en avant. Soulever la détente avec la main droite et l'enlever; 12° séparer la barrette d'avec le mentonnet.

Remontage de la platine. — D. Comment s'opère celui de la platine du revolver?

R. 1° Réunir la barrette et le mentonnet à la détente;

2° Placer la détente, le mentonnet en avant de l'axe du chien;

3° Placer le ressort de détente, les deux branches sous la griffe;

4° Placer le ressort de gâchette;

5° La gâchette, sa queue en arrière et contre l'axe du chien;

6° Placer le pontet en pressant avec la paume de la main droite, pour faire rentrer le T dans son logement;

7° Saisir la poignée avec la main gauche, le premier doigt sur la détente; pousser en même temps la queue de gâchette en arrière avec le premier doigt de la main droite. Agir sur la détente, engager le chien sur son axe et le conduire à l'abattu avant d'abandonner la détente;

8° Engager la griffe du grand ressort dans les pivots de chaînette et placer son épaulement contre l'étouteau;

9° Fermer la clef.

Remontage du revolver. — D. Comment s'opère le remontage de l'arme?

R. 1° On replace la plaque de recouvrement; 2° le barillet; 3° l'axe du barillet; 4° on fixe la tête de baguette; 5° fermer la porte.

Pièces à laver. — D. Quelles sont les pièces à laver à grande eau après chaque tir?

R Le canon et le barillet.

Platine. — D. Quels sont les soins que réclame la platine?

R. Si elle n'a pas besoin d'un nettoyage à fond, on l'essuie soigneusement avec un linge bien sec, après avoir enlevé la vieille graisse avec une curette en bois tendre; puis on met une goutte d'huile à toutes les pièces qui font frottement.

Pièces rouillées. — D. Et s'il se trouve des pièces rouillées?

R. On les frotte avec un linge recouvert de brique brûlée, pulvérisée, tamisée et délayée dans de la graisse.

Ressort de porte. — D. Quels soins particuliers réclame le ressort de porte?

R. Il faut fréquemment y placer une goutte d'huile.

Revolver chargé. — D. A quelle position doit être le revolver?

R. S'il est chargé, il doit être au cran de sûreté. Toutes les fois qu'il ne l'est pas, le chien doit être placé à l'abattu.

Défense pour le canon. — D. Quelle est la défense relative au canon du revolver?

R. C'est de ne jamais munir sa bouche d'un bouchon.

Chargement et déchargement. — D. Quels sont les ordres formels concernant le chargement et le déchargement?

R. C'est de ne jamais charger ou décharger le revolver dans l'intérieur des casernes, mais seulement dans la cour et la bouche du canon dirigée vers la terre.

Place du revolver. — D. Où doit être placé le revolver dans les chambres?

R. Au râtelier d'armes, suspendu par l'anneau de calotte.

NOTIONS SUR LE TIR

Ligne de mire. — D. Indiquez ce que c'est?

R. C'est la ligne droite que suit le rayon visuel passant par le fond du cran de la hausse et le sommet du guidon.

Trajectoire. — Qu'entend-on par trajectoire?

R. La ligne suivie par le projectile depuis sa sortie de l'arme jusqu'à ce qu'il tombe à terre ou vienne frapper le but.

But en blanc. — D. Qu'appelle-t-on but en blanc?

R. C'est le point précis où le projectile pendant son trajet se rencontre avec la ligne de mire.

Conditions à observer pour bien tirer. — *Position du corps.* — Quelles sont celles qui ont rapport au corps?

R. 1º Se fendre en arrière et sur la partie droite en avançant l'épaule qui sert d'appui à la crosse; 2º embrasser fortement la poignée de l'arme avec la main droite, le coude droit élevé; 3º la main gauche soutenant l'arme par son centre de gravité; 4º exercer avec les deux mains une traction continue de l'arme vers l'épaule, qui se porte en avant par un léger mouvement, afin d'arrêter la crosse, et qui par un autre mouvement de bas en haut, amène la ligne de mire à hauteur de l'œil; 5º retenir sa respiration.

Tenue de l'arme. — D. Quelles sont les conditions à observer pour la tenue de l'arme et pour déterminer son départ ?

R. 1° L'arme d'aplomb, la hausse et le guidon ne penchant ni à droite, ni à gauche; 2° la joue à hauteur du busc, sans toucher la monture; l'œil droit sur le prolongement de la ligne de mire; 3° exercer alors de suite une pression graduelle avec la deuxième phalange du premier doigt de la main droite, afin d'amener la gâchette sur le bord du cran de la noix ; 4° déterminer le départ du coup, par un léger effort du doigt, aussitôt que le *sommet* du guidon apparaît en même temps dans le *milieu* du cran de mire et *sous* le petit cercle noir de la cible.

S'habituer à tirer très promptement.

CHAPITRE XIV.

Taxe militaire.

D. Qu'entend-on par taxe militaire?

R. On entend par taxe militaire le paiement d'une taxe à laquelle sont assujettis les individus qui, par suite d'exemption, d'ajournement, de classement dans les services auxiliaires ou dans la seconde partie du contingent, de dispense ou pour tout autre motif, bénéficient de l'exonération du service dans l'armée active. (Art. 33 de la loi du 15 juillet 1889.)

D. Quels sont les individus qui sont dispensés de cette taxe?

R. Sont seuls dispensés de cette taxe :

1º Les hommes réformés ou admis à la retraite pour blessures reçues dans un service commandé ou pour infirmités contractées dans les armées de terre ou de mer ;

2º Les contribuables se trouvant dans un état d'indigence notoire.

D. De quoi se compose la taxe militaire?

La taxe militaire se compose de : 1º une taxe fixe de six francs (6 fr.) ; 2º une taxe proportionnelle égale au montant en principal de la cote personnelle et mobilière de l'assujetti.

Si cet assujetti a encore ses ascendants du

premier degré ou l'un d'eux, la cote est augmentée du quotient obtenu en divisant la cote personnelle et mobilière de celui de ses ascendants qui est le plus imposé à cette contribution, en principal, par le nombre des enfants vivants et des enfants représentés dudit ascendant.

Il n'est plus tenu compte de la cote des ascendants lorsque l'assujetti a atteint l'âge de 30 ans révolus et qu'il a un domicile distinct de celui de ses ascendants.

Les cotisations imposables sont celles qui sont portées aux rôles de la commune du domicile des contribuables. Elles sont déterminées sans égard aux prélèvements qui peuvent servir à les acquitter sur les produits de l'octroi.

D. Comment s'établit le décompte de la taxe militaire?

R. La taxe fixe et la taxe proportionnelle sont réduites à proportion du temps pendant lequel l'assujetti n'a pas bénéficié de l'exonération établie à son profit dans le service de l'armée active.

La taxe fixe n'est pas due par les hommes exemptés pour des infirmités entraînant l'incapacité absolue du travail.

La taxe est établie au 1er janvier pour l'année entière.

Elle cesse par trois ans de présence effective des assujettis sous les drapeaux ou par leur inscription sur les registres matricules de l'inscription maritime.

Elle cesse également à partir du 1er janvier qui suit le passage de la classe de l'assujetti dans la réserve de l'armée territoriale.

Tout mois commencé est exigible en entier.
(Art. 35 de la loi du 15 juillet 1889.)

D. Par qui est dû le paiement de la taxe?

R. La taxe militaire est due par l'assujetti;
toutefois, elle est imposée au nom de celui de
ses ascendants dont la cotisation a été prise pour
élément de calcul de la taxe, conformément au
paragraphe 3 du présent article. La taxe ainsi
imposée aux noms des ascendants est recouvrée
sur eux, sauf leur recours contre l'assujetti.

Lorsque l'assujetti n'a plus ses ascendants du
premier degré, lorsqu'ils sont indigents ou sans
domicile connu en France, ou lorsque l'assujetti
a atteint l'âge de 30 ans révolus et qu'il a un
domicile distinct de celui de ses ascendants, il
est personnellement imposable à la taxe militaire.

La taxe est exigible dans la commune où le
contribuable, au nom duquel elle doit être inscrite en vertu des dispositions du présent paragraphe, a son domicile au 1er janvier.

Elle est recouvrée et les réclamations sont
instruites et jugées comme en matière de contributions directes.

D. Comment s'établit l'assiette de la taxe militaire?

R. La taxe militaire est due à partir du 1er janvier qui suit l'appel à l'activité de la classe à
laquelle appartient l'assujetti. Elle est établie à
raison des faits existant au 1er janvier. (Décret
du 24 février 1894, art. 1er.)

L'homme présent sous les drapeaux au 1er janvier comme incorporé dans l'armée active n'est pas imposable à la taxe militaire (art. 2).

La taxe militaire annuelle, calculée conformément aux dispositions du troisième paragraphe de l'article 35 de la loi du 15 juillet 1889 sur le recrutement de l'armée, est réduite, par application des dispositions du quatrième paragraphe du même article, d'un trente-sixième pour chaque mois de service accompli par l'assujetti, alors même que la durée de son service ne constituerait pas une période ininterrompue. Il n'est pas tenu compte des fractions de mois (art. 3).

Pour l'application des dispositions qui précèdent, il n'est pas fait état au profit de l'intéressé de tout service accompli à titre d'exercices ou manœuvres et de tout service accompli, en temps de paix, au titre soit de la réserve de l'armée active, soit de l'armée territoriale ou de la réserve de l'armée territoriale, sauf lorsque le gouvernement a usé des pouvoirs qui lui sont conférés par la loi du 26 juin 1890 (art. 4).

Ne sont pas imposables à la taxe militaire les hommes qui ont accompli dans l'armée active la durée de service fixée par les articles 37 et 40 de la loi sur le recrutement, alors même que, par application des dispositions de ce dernier article, ils auraient été incorporés postérieurement au 1er novembre ou renvoyés dans leurs foyers antérieurement au 31 octobre (art. 5).

Le montant de chaque cotisation est augmenté de 5 centimes par franc destinés pour fonds de non-valeurs.

Il est, en outre, ajouté au total de la cotisation, y compris le montant des 5 centimes prévus au paragraphe précédent, 3 centimes par franc pour frais de perception (art. 6).

Lorsque les jeunes gens qui bénéficient de la dispense prévue à l'article 50 de la loi sur le recrutement sont personnellement imposables en vertu de l'article 16 de la loi du 26 juillet 1893, ils sont imposés dans la commune où ils ont leur domicile au point de vue du service militaire, tel qu'il est défini à l'article 13 de ladite loi (art. 8 même décret).

D. Par qui est assise la taxe militaire?

R. La taxe militaire est assise, avec l'assistance des maires, par les agents de l'administration des contributions directes.

Dans le cas de dissentiment entre le maire et les agents de l'administration des contributions directes, le directeur soumet la difficulté au préfet avec son avis motivé. Si le préfet n'adopte pas les propositions du directeur, il en est référé au Ministre des finances (art. 8, même décret).

D. Comment s'établit l'état d'indigence d'un assujetti?

R. L'état d'indigence notoire résulte : 1° des décisions prises par les conseils municipaux, pour l'assiette de la contribution personnelle-mobilière, en exécution de l'article 18 de la loi du 21 avril 1832; 2° de décisions spéciales que prennent ces conseils, lorsque l'intéressé ne figure pas au rôle de la contribution personnelle-mobilière, non pour cause d'indigence, mais comme ne jouissant pas de ses droits (art. 10).

D. Qu'arrive-t-il lorsque les assujettis négligent de faire la déclaration d'un changement de domicile?

R. Les agents des contributions directes maintiennent à l'état-matrice et aux rôles des communes où ils étaient imposés au 1ᵉʳ janvier précédent, et sur le pied de leur cotisation antérieure, les imposables qui, ayant quitté leur domicile antérieurement au 1ᵉʳ janvier, n'ont pas fait à la mairie, avant le 15 février, une déclaration indiquant le lieu de leur nouvelle résidence.

L'obligation de sa déclaration incombe à l'ascendant dans le cas où l'assujetti à raison duquel il est taxé change de domicile ou a trente ans révolus (art. 11).

D. Comment le service des contributions indirectes est-il saisi des inscriptions à faire aux rôles de la taxe militaire?

R. Les préfets communiquent sans déplacement au service des contributions directes les listes du recrutement cantonal et les procès-verbaux des séances du conseil de revision relatives aux opérations concernant les hommes de la classe appelée à l'activité, ainsi que les soutiens de famille et les ajournés (art. 15).

Les préfets communiquent sans déplacement au service des contributions directes les déclarations prévues à l'article 30 de la loi sur le recrutement en ce qui concerne les renonciations à la qualité d'inscrit maritime (art. 16).

Les préfets informent le service des contributions directes des engagements volontaires contractés conformément à l'article 62 de la loi sur le recrutement. A .cet effet, les maires des chefs-lieux de canton portent à la connaissance des préfets les engagements contractés devant eux (art. 17).

Les conseils d'administration des corps de troupe et des divisions des équipages de la flotte communiquent au service des contributions directes tous les renseignements relatifs aux circonstances comportant une abréviation de la durée du service militaire telle qu'elle résultait des décisions des conseils de revision. Ces communications ont lieu par l'intermédiaire du préfet du département où l'intéressé a satisfait à la loi du recrutement, et au moyen de bulletins individuels établis au moment même où se produisent les faits.

Elles comprennent notamment :

1° Les concessions de congés par les chefs de corps à titre de soutiens indispensables de famille, dans les conditions prévues à l'article 22 de la loi sur le recrutement;

2° Les dispenses accordées par l'autorité militaire ou maritime en vertu des articles 1er, paragraphe 3, et 35 du règlement d'administration publique du 23 novembre 1889;

3° Les réformes par congés dits n° 2, lorsque les hommes réformés ont moins de trois ans de service;

4° Les passages dans la disponibilité en vertu des articles 39 et 46 de la loi sur le recrutement;

5° Les non-présences sous les drapeaux résultant soit de l'insoumission, soit de la désertion des hommes ayant moins de trois ans de service ;

6° Les décès, les réformes par congés dits n° 1, les retraites pour blessures ou infirmités, lorsqu'il s'agit d'hommes ayant moins de trois ans de service (art. 18).

D. Comment l'administration des contributions directes est-elle informée des accroissements ou des abréviations dans la durée des services ?

R. Les conseils d'administration des corps de troupe et des équipages de la flotte informent l'administration des contributions directes, selon le mode prévu à l'article précédent, des circonstances comportant un accroissement de la durée du service militaire telle qu'elle résultait des décisions des conseils de revision ou des décisions de l'autorité militaire ou maritime dûment notifiées en vertu dudit article.

Ces communications comprennent notamment les maintiens ou rappels sous les drapeaux prévus aux articles 24, 25, 47 et 81 (avant-dernier paragraphe) de la loi sur le recrutement (art. 19).

Toute circonstance comportant une abréviation de la durée du service militaire telle qu'elle résultait des faits notifiés en vertu de l'article qui précède donne lieu à de nouvelles communications, lesquelles s'effectuent suivant le mode déterminé à l'article 18 du présent décret (art. 20).

Lorsqu'un homme ayant moins de trois ans de service militaire dans l'armée active vient à être inscrit sur les contrôles de l'inscription maritime, le commissaire de l'inscription maritime en donne avis au préfet du département où cet homme est passible de la taxe. Cette notification a lieu dans les quinze jours de l'immatriculation (art. 21).

La gendarmerie de chaque localité transmet immédiatement au préfet du département, au moyen de bulletins individuels, tous les renseignements qui lui sont fournis en vertu de l'article 55 de la loi sur le recrutement, relativement aux changements de domicile ou de résidence des hommes ayant moins de trois ans de service dans l'armée active. Ces renseignements sont communiqués par le préfet au service des contributions directes (art. 22).

D. Par qui sont fournies les formules imprimées de bulletins individuels?

R. Les formules imprimées sont fournies par le ministère des finances aux divers services militaires et maritimes intéressés (art. 24).

D. Quelle formalité doit remplir l'assujetti qui n'est plus astreint au payement de la taxe par suite de l'accomplissement de trois années de service?

R. La cessation du payement de la taxe militaire par suite de l'accomplissement de trois années de service dans l'armée active ou de l'immatriculation sur les registres de l'inscription maritime peut résulter d'une déclaration spéciale faite au percepteur du lieu où l'assujetti est imposé. Les douzièmes dont le percepteur n'a plus à faire le recouvrement sont passés en non-valeurs (art. 26).

D. Dans quels cas le payement de la taxe militaire est-il suspendu?

R. Le payement de la taxe militaire est suspendu par le fait de l'engagement volontaire de l'assujetti.

Les percepteurs sont informés par les soins du préfet des engagements volontaires portés à sa connaissance, conformément aux dispositions de l'article 17 du présent décret (art. 27).

En cas de mobilisation, la perception de la taxe militaire est également suspendue, sauf pour les insoumis, les déserteurs et les exemptés.

Les douzièmes échus et non payés, ainsi que ceux à échoir pendant la durée de la mobilisation, sont passés d'office en non-valeurs (art. 29).

D. Comment et dans quel délai sont formées les réclamations relatives à la taxe militaire?

R. Les réclamations relatives à la taxe militaire sont formées, instruites et jugées comme en matière de contribution personnelle mobilière. Toutefois, le maire est appelé à donner son avis aux lieu et place des répartiteurs (art. 34).

L'ascendant imposé peut se pourvoir soit contre son inscription au rôle, soit contre les bases d'imposition de la taxe, y compris celles qui sont personnelles à l'assujetti. De même l'assujetti peut réclamer soit contre l'inscription de son ascendant au rôle, soit contre les éléments d'imposition de la taxe, y compris ceux qui sont personnels à son ascendant (art. 31).

Lorsque la taxe est imposée au nom de l'un des ascendants de l'assujetti, le délai pour la réclamation de ce dernier ne court qu'à partir du jour où il a été mis en demeure de rembourser la taxe militaire (art. 32.)

D. Quelles sont les dispositions spéciales aux assujettis domiciliés en Algérie?

R. Pour les assujettis domiciliés en Algérie, la taxe militaire ne comprend que la taxe fixe et la portion imposable de la cote de l'ascendant responsable, si cet ascendant est domicilié dans la métropole (art. 36).

Pour les hommes ayant satisfait en Algérie à la loi du recrutement, la taxe n'est due que lorsqu'ils comptent moins d'une année de service. La taxe, calculée par application des dispositions du troisième paragraphe de l'article 35 de la loi sur le recrutement, est réduite d'un douzième pour chaque mois de service accompli par l'assujetti.

Les dispositions de l'article 3 du présent décret sont applicables à l'homme qui, ayant satisfait en Algérie à la loi sur le recrutement, transporterait son établissement dans la métropole avant l'âge de 30 ans accomplis (art. 37).

TABLE

ALPHABÉTIQUE DES MATIÈRES

A

	Pages.
Accidents en route (service de mobilisation).	114
Affectation spéciale	82
Affiches et points d'affichage (service de mobilisation)	116
Ajournement 83, 93,	101
Ajournés	83
Aliénés	42
Animaux	14
Animaux nuisibles (chasse)	77
Animaux trouvés morts	32
Appâts (pêche fluviale)	71
Armée de mer (recrutement)	103
Armée territoriale	80
Armement	142
Arrestations, manière d'opérer, heures, cas divers 32,	53
Arrivée dans les communes (service de mobilisation)	114
Artifices et pétards	24
Attentats contre les personnes	43
Auberges (fermeture des)	30
Auberges, cafés, cabarets, hôtelleries	14

B

Bois à cerner (service de la chasse)	74
Boissons transportées en fraude	40

C

	Pages.
Cabarets	14
Cafés	14
Cadavres découverts, morts violentes	42
Cantiniers	130
Carabine. démontage et remontage	142
Carnets à souches, listes nominatives (recrutement)	91
Cas d'exception (service du roulage)	61
Chants	17
Changements de domicile et de résidence (officiers et troupe)	89, 93
Chargement et déchargement du revolver	149
Chasse	74
Chevaux et voiture (service de ville)	18
Chiens	18
Colportage du gibier	76
Comestibles	132
Commissions de réquisitions (membres)	117
Conditions à observer pour bien tirer	150
Contraintes par corps	45
Contraventions diverses sur le roulage	61
Contreban le et fraude	31
Crimes, délits et contraventions (service dans les gares)	37
Crimes ou délits de droit commun commis par des militaires	140
Cris séditieux	17
Culasse mol.ile (armement)	142

D

Décès des décorés et médaillés	30
Délits (service dans les gares)	37
Délits de chasse	75
Demandes diverses : dispenses, sursis. devancements, réforme et autorisation d'accomplir dans un autre corps une période d'instruction	99, 103

Pages.

Démontage et remontage de la carabine 142
Démontage et remontage du revolver....... 147
Dénonciations et plaintes................. 46
Déserteurs et insoumis................... 36
Devancement d'appel (service de recrutement)................................. 101
Devoirs des gendarmes (service de mobilisation)................................. 114
Devoirs de la gendarmerie avant le départ et en route (transfèrement de prisonniers)... 56
Dimensions des poissons (pêche)........... 69
Dispenses (service du recrutement)........ 99
Disponible (service du recrutement)....... 79
Domestiques aux armées............ 130, 135
Domicile (Changement de)........... 88, 93
Durée du permis de chasse................ 76

E

Effets à emporter (mobilisation)........... 116
Emeutes, séditions..................... 44
Emploi des armes...................... 44
Engins de chasse prohibés............... 77
Engins de pêche prohibés............... 70
Enquêtes (opérations diverses)........... 53
Entretien des armes.................... 149
Escroqueries......................... 18
Escortes et estafettes.................. 125
Espionnage.......................... 136
Etrangers........................... 19
Explosifs 19

F

Fanions............................. 125
Fascicule (recrutement)................. 83
Faits contraires aux mœurs............. 20
Feuille spéciale aux appels (recrutement)... 85
Feux de cheminée..................... 20

	Pages.
Feux allumés dans les champs, etc.........	31
Fermeture d'auberges................····....	30
Filets, leur emploi pour la pêche..........	69
Fraude................................	31

G

Gares (service dans les)....................	34
Gardes champêtres........................	29
Gendarmes mis en joue (service de chasse).	74
Gibier (colportage de).....................	76
Grande voirie.............................	26

H

Heures des arrestations, manière d'opérer, cas divers.............................	46
Heures de pêche...........................	68
Hôtelleries...............................	16

I

Immondices...............................	23
Incendies................................	20
Individus à arrêter.......................	32
Injures..................................	23
Inondations..............................	42
Inscription maritime..	104
Insoumis et déserteurs....................	36
Instruction (période d') (recrutement).......	97
Instructions sommaires (mobilisation)......	115
Interdition de la pêche...................	68
Interprètes...............................	130
Ivrognes.................................	23

J

Jets de pierres...........................	24
Jeux de hasard et loteries................	24
Jours de mobilisation	116
Juridiction...............................	95

L

Pages.

Lanternes 125
Lettres d'avis à remettre aux membres civils
  (mobilisation)............................. 113
Ligne de mire, trajectoire.................. 150
Liquides 132
Listes nominatives (recrutement).......... 87
Livrets, cas s'y rattachant............ 83, 87
Loteries et jeux de hasard 24

M

Main-forte................................. 35
Maladies contagieuses..................... 30
Malfaiteurs............................... 25
Mandats de justice (prévenus, devant qui
  conduits)................................ 29
Marchands................................. 130
Matériaux................................. 26
Mendiants, vagabonds, etc. 136
Membres des commissions (mobilisation)... 117
Messageries publiques..................... 64
Militaires, tenue, ivres, en retard ou sans
  titres.................................... 36
Militaires transférés...................... 59
Militaires coupables de crimes ou délits de
  droit commun 140
Mobilisation (Service de la) 110
Mœurs (Faits contraires aux)............. 20
Monuments, promenades, plantations....... 26
Mort violente............................. 42
Mot d'ordre............................... 125

N

Non-disponibles (recrutement)............. 82
Notifications diverses..................... 39
Notifications de punitions................. 95

O

Pages

Opérations diverses de la gendarmerie..... 39
Opérations judiciaires dans un bâtiment mi-
litaire.................................. 52
Ordre de mobilisation...................... 111
Outrages et voies de fait envers la gendar-
merie 27

P

Patentes.................................. 131
Pêche fluviale 68
Pêche dans les écluses, à la main, au fusil,
etc.................................... 71
Pêche (Heures de la)...................... 68
Pêche (Interdiction de la) 68
Période d'instruction (recrutement)........ 97
Permis de chasse (Durée du).............. 76
Perquisitions aux armées................. 134
Pétards et artifices...................... 26
Plantations.............................. 26
Plaintes et dénonciations................. 46
Pierres (Jets de)........................ 24
Pièces d'armes ne devant pas être démon-
tées................................... 144
Poissons (Dimension des).................. 69
Poisson (vente en temps prohibé).......... 68
Prévenus (mandats de justice) 29
Promenades 26
Précautions relatives à la chasse.......... 74
Premier jour de la mobilisation 111
Premières opérations de la mobilisation.... 111
Prévôté 121
Principaux délits de chasse 75
Prisonniers (Transfèrements de).......... 55
Procès-verbaux (pêche fluviale).......... 73
Punitions............................... 95
Punitions aux armées.................... 124

R

Pages.

Rature sur les livrets (recrutement)........ 86
Récépissé du livret (recrutement).......... 84
Recommandations relatives à la mobilisation. 115
Recrutement 79
Réforme (service du recrutement).......... 96
Remise des paquets de mobilisation........ 115
Remise à la gendarmerie par des militaires. 27
Répartition des paquets de mobilisation, col-
lationnement et inscription.............. 115
Réquisitions. 111, 129
Réservistes, disponibles, non-disponibles,
territoriaux............................. 79
Résidence (Changements de)........... 88, 94
Résumé (service de la mobilisation)........ 118
Retour des gendarmes (service de la mobili-
sation).................................. 118
Revolver (Démontage et remontage du)..... 147
— (Chargement et déchargement du). 149
Roulage (service de tournée).............. 32
— (Loi sur le)...................... 61
Route (Devoirs en). Transfèrements........ 56

S

Saisies d'engins de pêche prohibés, de poissons 72
Saisies d'armes et engins de chasse........ 77
Secrétaires............................... 130
Séditions, émeutes....................... 44
Services auxiliaires...................... 81
Service de ville.......................... 14
— de tournée de communes.......... 29
— dans les gares................... 34
— de transfèrement de prisonniers.... 55
— du roulage...................... 61
— sur la pêche.................... 68
Service sur la chasse..................... 74
— du recrutement.................. 79
— de mobilisation................. 110
— prévôtal 121

Pages.

Sursis d'appel........................... 101
Surveillance générale des réservistes, disponibles, non-disponibles et territoriaux.... 94

T

Tableau de concordance (mobilisation)...... 115
Tableau de répartition des classes (service
  de recrutement)....................... 109
Taxe militaire.......................... 152
Tenue des gendarmes dans les gares....... 37
Territoriaux, réservistes, etc.......... 79, 81
Tir (Notions sur le)..................... 150
Tournée de communes..................... 29
Trajectoire et ligne de mire............. 150
Transfèrement de prisonniers, civils et mili-
  taires............................... 55
Transport et vente de poissons en temps
  prohibé,............................. 68

U

Usage et emploi des armes................ 44

V

Vagabonds, mendiants.............. 30, 136
Vente de poisson en temps prohibé........ 68
Violences ou voies de fait envers les person-
  nes.................................. 27
Vivandiers.............................. 130
Voies de fait envers les gendarmes........ 27
Voies ferrées (surveillance à la mobilisation). 119
Voirie (grande)......................... 31
Voitures (service de ville).............. 18
Voitures ne servant pas au transport des
  personnes............................ 66
Voyageurs aux armées.................... 136

Z

Zone frontière.......................... 33

Paris et Limoges. — Imp. milit. Henri Charles-Lavauzelle